世界公民叢書

未來的．全人類觀點

出版說明

本書介紹二十四位西方哲學家的基本觀念以及他們對人生的看法。書分三冊，依照哲學家的年代排列，顯示了承先啟後的思想演變以及不同時代的特定挑戰。這些哲學家都曾給我深刻的啟發，助我品味人生的真諦，因此我十分樂意與朋友們分享心得。

本書是由一九九〇年代我在洪建全基金會的一系列課程錄音所整理而成的，可以劃歸「哲普」作品。當時參加聽講的同學來自社會各界，在年齡、背景及職業方面皆有差異，但求知熱忱則是一致的。我的講課目標很清楚，就是要讓大家聽得懂，知道這些知名的西方哲學家究竟如何思考宇宙與人生的問題，如何提出一套完整的概念來表述自己的想法，以及他們的心得對我們現代人還有何種啟發作用。

作者十八歲開始研習西方哲學，很早就覺悟大多數人的時間與精力都有限，因此在學習外來文化時，只希望把握重點，學會一些精采的觀點，同時對自己的人生有所助益。立緒文化出版社所發行的這個版本，經過作者的仔細校訂及修正，可讀性也提升了。希望它能引起讀者的興趣，共同探討愛智的廣大天地。

傅佩榮　二〇一四年五月二日

西方哲學心靈 第2卷

【目錄】本書總頁數288頁

第1卷

第3卷

總序
品味西方心靈

我們每天接觸的資訊，在廣度上已經無遠弗屆了，在深度上則日益覺得不足。深度與傳統有關，不能只由字面上得到肯定。大家都知道蘇格拉底是哲學家，也記得他說過「沒有經過反省的人生，是不值得活的」。但是這句話何以是正確的？許多人沒有反省，甚至未受教育，不是也活得好好的嗎？如果要反省，又該如何著手？反省之後，人生就值得活下去嗎？

要辨明一位哲學家的思想，就須大費周章，何況西方哲學史中，可以列出一連串閃亮的名字，個個頭角崢嶸、自成一家之言，我們如何可能全部認識？同時，有無必要這樣做呢？這些問題不能簡單回答，必須稍加分析。

首先，即使我們不願承認現代化與西方化之間的等同關係，也不大注意西方文化在事實上主導著世界潮流，但是對於「文化交流互動」的需求，卻是不能否認，也不宜忽視的。譬如，在閒談中引用幾句西方格言，往往帶來彼此會心的微笑。如果用「某人說話很尼采」來描寫一個朋友，大概不會受到責怪，但是用「某人說話很孟子」來描寫，就難免招人物議了。我們的文化活動其實已經浸染了許多西方因素，既不可能求其還原澄清，倒不如順水推舟，把一些常見的思想瞭解得更為透徹，讓自己使用起來更為得心應手。

其次，「文化交流」的帽子太大了些，我們站在個人求知的角度來看，也應該深入認識西方文化，尤其是居於核心地位的西方哲學。西方哲學的思辨趣味可謂獨樹一幟，與我們自己的哲學大不相同。中國哲學重視的是整體見解、實用知識、道德傾向、社會關係，並且自從先秦的儒家與道家出現之後，就很少能有全新的一家之言了。西方哲學的風貌，從古至今都是百家爭鳴，因為他們以哲學為「愛智」，勇於慎思明辨、追求真理，不惜自創一套名詞、自尋一種方法、自立一套架構，然後不管說得對不對，好不好，都可以清楚展示、供人品評。

閱讀西方哲學，可以培養理性思辨的習慣，這種習慣正是知識份子所應具備的。凡事但求合理，進而推究理性之依據，設法建立共識；這正是注重溝通的現代社會所需要的修養。

然後，能否不帶任何實用的目的，純粹由欣賞的眼光來品味西方哲學呢？這才是合適的態度啊！我不必著望在讀了柏拉圖與康德之後，可以改善人際關係，或增加個人資產。我可以期許的是，讓自己的心靈由平地走向高原。高原上空氣較為稀薄，未必可以久居，但是視野遼闊，或許可以「望盡天涯路」，對於人生全貌及價值層次可以作整體的瞭解與評估。平地沒有什麼不好，只是太擁擠了些，眼光不易高遠，心靈難免閉塞。我們不必在高原定居，但是偶爾體會一下「走向高原」的心路歷程，也是人生一件有趣的事。

我的專業正是哲學，並且願意與人分享自己的心得。如何能夠「不搬弄太多原典，不在專門術語中打轉，同時以準確清楚的口語介紹西方哲學名家的思想」，無疑是一大挑戰。我挑選從古希臘直到當代的二十四位西方哲學家，根據是：見解明確，方法清晰，系統完備，並且對現實人生有深刻的啟發。為了配合一般讀者的背景，我刻意避開繁瑣冗長的論證，以免減低了愛智的樂趣。我自己也在準備的過程中，重新思索許多問題，獲益良多。若能把這二十四位哲學家的思想瀏覽一遍，對於西方心靈的發展主軸與特定風格，就不會覺得陌生了。「哲學脫離人生，將成玄虛；人生脫離哲學，將無定位」——這是我的信念。

1
盧梭
Jean-Jacques Rousseau
1712-1778

「人民的聲音，就是上帝的聲音。」
——盧梭

盧梭說：「人類生而自由，但到處都是枷鎖。」

盧梭認為，社會上的一切規範都是枷鎖，都是束縛，所以要把它打破，以便個人的熱情充分表現，隨心所欲做一些真正自由的事情。不管是原始的自由或是公民的自由，人在社會之中是個既成事實，社會的組成並不完全違反人的本性，因為人也可以得到公民的自由，亦即按照人的本性要求去行動，自由就是自己決定自己的行為。

引言

時代背景

盧梭於一七一二年生於日內瓦，父親是鐘錶匠。他十三歲時學習雕刻，不久放棄。後來結識迪瓦倫男爵夫人，受她的影響於十五歲時皈依天主教，四年後，他與男爵夫人又再度重逢。他們在一起的生活，日後被盧梭美化為一首田園之歌，他也在此期間，以閱讀努力彌補他早期缺乏系統教育的遺憾。他在三十歲時到巴黎，翌年前往威尼斯擔任新任法國大使的祕書。一年之後盧梭即因傲慢而被解職，再回到巴黎。一七四五年，認識了法國啟蒙運動的代表伏爾泰（Voltaire）。一七四九年，狄德羅（Diderot）邀請盧梭為百科全書撰寫有關音樂的文章。隨後數年，盧梭專心寫了幾篇論文，參加角逐第戎學院的獎金，結果都因為論點不合潮流而失敗。他的論點是批判文明帶來的罪惡，強調人類的善良本性。

一七五四年，盧梭回到日內瓦，他也隨之改信了喀爾文教派。這個改變並不意味任何宗教上的改變，因為正如他自己觀察到的，如果他在巴黎的哲學朋友沒有為他做別的事，那麼他們至少是逐漸破壞了他對天主教教義任何可能的信仰。他改信新教的主要理由，是像他自己所承認的，為了再獲得日內瓦的公民身分。一七六一年，他出版《新愛洛伊絲》，一七六二年出版他最著名的作品《社會契約論》與《愛彌兒》，這兩本書使他必須前往瑞士避難。一七六六年，他與英國經驗主義哲學家休謨（Hume）前往英國，但是兩人相處並不融洽。在此之前，盧梭苦於被害妄想症，敏感而多疑，現在則懷疑休謨與他的敵人串通，兩人因而決裂。一七六六年他回到法國，並於一七七八年逝世。他的另一部名著《懺悔錄》到一七八二年才問世。

盧梭是法國啟蒙運動的代表之一。西方近代的啟蒙運動，是在十八世紀發展起來的，主要有兩方面的表現：一是消極方面，批判過去的宗教信仰，要擺脫它對人類所造成的束縛。我們可以如此理解：宗教信仰的重要性是沒有問題的，但是，久而久之，這種信仰使人的理性不再運作，最好少思想，只要服從就好。因此，人們容易生活在習慣之中，對於社會的種種不義，或人群間的不平等，以及不合理的現象都習以為常了。這些都是宗教促使人順服世界現狀可能產生的結果。這樣的結果當然大有問題。

所以，啟蒙運動就「啟蒙」一詞來說，代表過去的人是蒙上眼睛、蒙上理智的，啟蒙就是要把眼罩揭開。如果就外文「Enlightenment」來說，就是要照亮人類實際的生存處境，展現光明。於是，啟蒙運動的重點之一，是要解脫宗教對人們的束縛。結果一路發展下來，變成反對宗教了。我們知道，宗教本身和宗教的影響或效果應該分別開來。宗教有一種很特別的領域，但是宗教的運作在現實上往往和欲望、權力結合，造成各種不理想的情況，這些是要批判的。

然而，啟蒙運動為了批判，竟然連宗教也一起排斥了，以至於發展出無神論和唯物論。當時許多哲學家的基本立場是主張：人要設法解決自己的問題，不要凡事訴諸超越的信仰，譬如，祈求神明的支持。所以，啟蒙運動的第一種表現是消極的，要解除人心的束縛，尤其宗教方面所帶來的約束，要儘量予以減低。

二是積極方面。啟蒙運動的思想家認為，人既然活在世界上，接受了這個世界，那麼下一步就得看人自己的表現，人的責任感因而大幅增加。既然如此，那麼人生的幸福何在？現在面對這個問題，就不能很單純地把答案放在宗教信仰上了。從前我們可以說，人的幸福是死了之後可以升天堂，而現在的人生幸福呢？就在這個世界上。那麼，人要如何改善這個世界呢？只有設法研究什麼是好的政治制度，找出這個社會需要什麼樣的制度。我們沒有另外一個世界可以「逃避」或「投靠」，因此，我們只有面對現實並加以改善。那麼，人有沒有自由？這自由有沒有限制？自由的目的何在？又該怎麼運作？這一連串屬於現實人生的問題，都需要重新加以討論。討論的結果出來了，改善後的世界真的進步了，認為世界的將來掌握在我們自己的手上，而有「明天會更好」的信念，這叫作「進步主義」（Progressivism）。

西方的啟蒙運動有很多代表人物，盧梭是裡面相當特別的一位，我們可以進一步看看他的思想背景。

思想背景

首先，啟蒙運動很明顯地採取了理性主義（Rationalism），亦即重視人的理性與人的責任。但是，理性主義走過頭時，很容易在規劃這個世界時，得到合理的結果，卻忽略了人的情感成分。譬如，我們辦教育時，當然要根據社會的需要來安排教育的內容，但是這樣教出來的學生可能抹煞了個別差異，久而久之，在情感上的培育也會出問題。人難道可以忘記他在情感上的天性及欲望上的需要嗎？所以，理性主義講得太過火，就會覺得這個社會很容易外表化，變得非常虛偽。盧梭就明白反對這種傾向，因此和當時的啟蒙運動者劃清界線，壁壘分明。

其次，啟蒙運動者也開始探討人性的本質問題。何以如此？因為，人如果有信仰，就不必為人性的本質煩惱。譬如，你信佛教，就會接受「緣起性空」，然後活在世界上不要執著就行了；如果你信基督宗教，就會認定人有原罪，要信耶穌才可得救。這種人性觀點是接受來的，無法作經驗上的考察。但是當你擺脫宗教之後，必須用理性思考，面對經驗及人生作反省時，就不得不問什麼是人性了。結果答案往往是：人性是一片空白。經驗主義（Empiricism）就認為「人性是一張白紙」，人在出生之後看到什麼，就在紙面印上什麼。這樣一來，人很容易受到環境的影響，然後教育與政治就要扮演積極的角色了。

在這個題材上，盧梭獨樹一幟，認為人性本來是善良的，壞的行為是受了社會的影響才造成，如此，就把責任推向後天的發展上。但是他所謂人性本來是善的，這個善與中國儒家所講的善並不一樣。這些都是當時對人性所做的各種有趣的思考。

盧梭的社會調適一直不大成功。雖然他有深刻的情感與執著，但是他太敏感、多疑，並且沒有耐心去保持長期的友誼。他是一位哲學家，卻具有高度情緒化的性格。感情與理性之間的緊張關係一直在壓迫著他。他浪漫、易感、具有某種宗教的情操，同時卻又是自我中心的，心理無法平衡。他曾說過：「我只有離開群眾，我才會喜歡群眾。」同樣的道理，也許我們從遠距離來觀察盧梭，會比較能夠欣賞他。無論如何，他是一位富於原創性的哲學家，他的著作缺乏系統，觀念也未必清晰，但是在當時與在現代，都還是深具啟發性的。

人的本性

盧梭批判文明，非議社會。他認為社會大有問題，因為他自己的生活經驗是以巴黎為中心，靠著別人的資助才得以維生的。而巴黎是當時文明的代表，一切風尚都是非常浮華、虛偽的。盧梭以為所有的社會都和巴黎差不多，他在早期的著作裡，就以這樣的社會為批判的對象。

文明為什麼不好？因為文明是一種裝飾品，像藝術、宗教等都是裝飾品。為什麼需要裝飾品呢？因為人類在生活上有各種束縛，裝飾品是為了使人們較能忍受。而人類所有的學問，來源都不太好，他說：「天文學源於迷信；辯論術源於野心、懷恨、虛假、諂媚；幾何學源自貪財；物理學源於無益的好奇心；即使是道德哲學也源自人類的自負。因此，人文科學與自然科學的誕生，乃歸因於我們的不道德。」這些文明的成就都源於邪惡，並且導致邪惡的後果。它們產生奢侈並且造成衰弱。連「教育」都成了問題，因為教育「教導所有的事物，除了道德的廉潔與正直之外」。換言之，盧梭對於人類文明的一切成果都抱著懷疑及批評的態度，那麼，在他心目中，人類原來是什麼模樣呢？

沒有文明，也沒有社會時，人是什麼模樣呢？這叫作人的「自然狀態」。盧梭認為，這種自然狀態不可能再恢復，因為人無法回到歷史的開始階段。在想像中，人本來是活在大自然中，無憂無慮，沒有什麼可爭的，但組成社會之後成為社會人，發展了文明，各種罪惡就產生了，這是盧梭的基本觀點。

許多人提到盧梭，往往強調他熱愛大自然。事實上，他所強調的不是大自然本身，而是人的自然狀態，亦即他認為人在接受社會及文明的洗禮之前是完美的。自然狀態如何是完美的呢？

抽離開社會，我們發現自然人：「在第一棵橡樹旁填飽他的饑腸，在第一條小河邊解除他的口渴，在能供他一餐的樹腳下找到他的床；並且因此，他所有的欲望都滿足了。」換言之，在自然狀態的處境中，人只受到自然欲望的控制，只要滿足了這些欲望，人就不需要再追求什麼東西了。他所害怕的，只有饑餓和痛苦。在這種狀態下，人不用工作，不用說話，不需要家，不需要同伴，也不會去害人，完全和動物一樣，吃飽喝足就休息，餓了就起來找食物吃，然後日子一天天過去。這時人沒有社會生活，並且尚未達到反省的層次，因此我們很難肯定他具有道德的特性。說他是善的或是惡的，在理論上並無合理的依據。不過，相對於社會後來所發展出來的惡而言，盧梭認為這種自然狀態是善的。

這種自然狀態中的人有什麼特色呢？主要的一點是「自我保存」。盧梭肯定這一點是最基本、最原始的。自我保存等於自愛，意思是我愛我自己，我關心我自己，不能讓自己受到傷害，這是原始的傾向。暴力或罪惡尚未出現，因此可以肯定人性應該是善的。不過，這時講人性是善的並沒有太大的意義，他的意思只是說：人性絕對不會是惡的。像基督徒所信的人有原罪，盧梭是不會接受的。他認為：人生下來，和動物一樣，饑則食，累則眠，怎麼會有惡的問題呢？

那麼，惡是怎麼來的？惡與善是相對的，善惡的分辨一定是在社會出現之後才有的。社會即是兩個人以上，有一種契約關係，或是有某種共同認定的行為規範。人一出生，就發現自己已經在社會裡面，沒有法子離開它了。關於社會的形成，稍後再談。

我們再分析自愛。一切情感的來源都是自愛，但自愛不是個人主義。個人主義是指在一個社會裡，我愛自己超過愛別人。然而，原始的社會中，根本沒有別人的觀念，因為「我」就是基本單位，沒有「我比較喜歡我自己」的這種比較上的問題。也就是說，這時還沒有出現同伴的觀念，我只是愛我自己而已。

自愛與自然秩序配合，所以一定是好的。譬如，一隻獅子抓一頭羊來吃，它是為了自我保存，而這種行為在整個大自然來說是很和諧的。為什麼呢？因為不這樣的話，羊就會繁殖過剩，草就會被羊吃光，然後對水土保持不太好。所以，動物世界的生態平衡，符合自然秩序的要求，我們不可能說誰是惡的，人在原始的階段也是一樣。

不過，這種自愛只是第一步，第二步的發展是同情。同情是對另外一人所表示的愛。因此，同情是一個種族自我保存的表現。我們前面談到個人的自我保存，現在引申到種族的自我保存，意思是說人類這種種族，本來各人只顧自己，後來發現要繼續繁殖下一代，自然就會關心另外的人，由此產生了同情。

在《愛彌兒》這本書中，主要是描寫教育小孩子的過程。我們現在常常強調：「教育不要為了大人的想法或社會的需要，而要為小孩子著想。」這種論調就是從盧梭來的。小孩子的個性是什麼，就讓他盡情發展，也就是要尊重小孩子原始的傾向。《愛彌兒》提到，所有的小孩子，第一個情感是自愛，第二個情感是愛自己周圍的人。譬如，我們看到一個小孩子誕生，就像一個人初入社會一樣。剛出生的小孩，只會吃喝，跟動物沒什麼兩樣。但什麼時候會有差別呢？當小孩子會去愛周圍的人，在這方面，動物的表現就比較差了！

無論如何，人是由自愛到同情。同情之後，進一步組成人群，有人群之後就有了正義、秩序的問題。譬如，你的行動對不對？應不應該？是否先來後到，長幼有序？有了秩序、正義之後，才有良知的問題。所以，盧梭認為良知是後來發展的結果，這和我們一般認為良知是天生的不一樣。他指出，天生的只有自我保存，接著發展為同情，慢慢組成人群之後，才有正義及秩序問題，在此之後才有良知。良知是對正義、秩序的敏銳感受。這個說法是有一定根據的，至少它比某些人主張良知是後天教育的結果要合理。我常舉的例子是，一個年輕人坐在公車上，一個老太太站在旁邊，他看了覺得良心不安，這時可能會有人說：「這是老師教你的！父母教你的！」因為父母、老師對年輕人說過，看到老先生、老太太的時候要讓座。教了之後，年輕人印在腦海裡面，就變成良知了。但是，問題在於：如果沒有人教，年輕人就不會有「不安」的感覺嗎？

盧梭的解釋比這種說法要合理一點。從自愛到同情，再到人群，就會有相互比較，接著正義、秩序出現，這時就有良知了！所以，良知是對於人與人之間的關係，是否達到正義，是否合乎秩序的直接感受。如果沒有良知，人類的法律、道德就不可能出現。所以，就這一點來看，盧梭的說法還算有一個系統。其次，盧梭認為，人與動物之間的差別有兩點：一是自由，一是自我改善的能力。

關於自由，盧梭指出：「與其說理智是人與動物的差別所在，不如說自由才是人類的特質……特別是人對這種自由的意識，使他靈魂的精神性表露無遺。因為物理學可以在某種程度上，說明感官的機械結構與觀念的形成過程；但是在意志或選擇的力量中，以及對這種力量的感受裡，只能找到純粹精神性的活動。機械論的原理完全無法說明它們。」換言之，盧梭堅決反對以純粹唯物論或機械論來解釋人的特質。沒有自由，就不足以稱為人。至於自我改善的能力，是說人懂得如何改善自己的生活，使自己在獨處或和別人相處的時候，都能夠活得自在而和諧。這兩點特色，使得人與動物一開始就走上不一樣的道路了。

因此，所謂原始的善，就是以上講過的自然狀態，但是那時根本沒有社會生活，怎麼會有善惡的區分？為了說明原始情況，肯定它絕對不是惡的，姑且就稱之為善了！所以，原始的善，並不是指道德上的善惡，因為道德的出現是後來發展的事。譬如，魯賓遜漂流到荒島上，他獨自一人時並沒有道德問題。道德問題一定要有另外一個人出現才可能，並且，還需要兩人能夠溝通才可以。

那麼，人類什麼時候開始說話呢？我們提過，人們原本是不用說話的。那麼人為什麼要說話？因為把別人當作同伴，需要溝通，因此才說話。盧梭說：「語言起源於自然的單純哭泣。」譬如有一天，我受了傷在哭，有個人走過來，他與我並不認識，他看到我哭時，發出一種聲音，代表悲傷，以後大家就由約定俗成的記號，自然而然地形成語言了。這種解釋，是自然主義的解釋，認為語言是人類自然生命的表現，透過聲音、形象，而慢慢發展出來的。至於如何由記號到普通語詞的演變方式，則沒有明確的解釋。

一個社會為什麼會不好呢？盧梭認為問題是從私有財產開始。什麼是私有財產？他說：第一個人在與別人相處時，圍起一塊地，說這塊地是我的，周圍的人也單純地相信他的話，於是出現了私有財產，而這個人就是文明社會的創始者。有了私有財產，才會有文明的發展。

盧梭認為私有財產是最大的問題。我們想想看，這個世界有戰爭、各種罪惡，哪一樣不是與私有財產有關的呢？像階級戰爭，是因為窮人活不下去，所以攻打有錢人。至於其他的各種藉口，最後都可以歸因於私有財產。盧梭說：「富者的霸佔、貧者的搶奪，以及兩者的無限制的激情，壓制了自然情感的哭泣與仍然虛弱的正義之聲，並且帶來了貪婪、野心與罪惡。……新誕生的社會狀態由此產生了令人恐怖的戰爭狀態。」

私有財產不是只有金錢，也包括各種東西，如土地、房子……就因為這是我的，因而有你的、我的之區分、對立，然後便形成富者壓榨窮者，窮者只好忍耐，造成各種不義的現象，這也是後來共產主義的思想為什麼會興起的原因。因為私產和共產對立，私產是說這是我的，你不能動，共產則說一切都是大家的。

盧梭認為私有財產是一切罪惡的起源。他並不是只有批評，他接著還說怎樣從私有財產比較不好的情況，改變到比較好的情況，他就從成立合理的政府著手。如果我們建立合理的制度，私有財產的問題還是可以得到某種程度的解決。換言之，如果有社會正義，問題是可以慢慢獲得解決的。所以，盧梭的探討相當客觀。

有了私有財產之後，才有道德上的區別，才能分辨什麼樣的人是善、是惡，一個行為是否允許、應該之類。

人的不平等在此顯現。盧梭認為，人的不平等有兩種：一是自然的不平等，譬如，外形的高矮、身體的健康與否；另一種是政治、社會的不平等，這是後天所造成的，我們要向這種不平等抗議。所以，盧梭成為人權的代表，即是因為他指出這種不平等的根源所在。

盧梭認為良知是建立在自我之愛上面的，由自愛、同情，到秩序、正義，然後才出現良知的聲音。但是，這種聲音似乎又是與生俱有的。他強調：那些與自然最接近，其感情和激情最少受到人為文明所腐化的單純的人，是最能傾聽良知的聲音的人。他說：「美德啊！研究單純心靈的崇高學問，如果我們想要認識你，是否需要這些努力與準備功夫？你的原則不是都銘刻在每一顆心上嗎？當激情沉默時，我們需要在省察自己和傾聽良知的聲音之外，做些別的以學習你的規則嗎？」他在《愛彌兒》中，借牧師沙弗阿亞之口說：「因此，在我的心中有一正義與美德的天賦原則，藉著它而無需考慮我們的座右銘，就可以判斷自己的行為與他人的行為是善的還是惡的；這個原則才是我所謂的良知。」他以更清楚的口吻說：「存在就是感覺，我們的感覺無疑走在我們的理智之先，而我們在有觀念之前先有感情……知道善，不表示熱愛它；善的知識不是天賦於人的。但是，一旦他的理性引導他理解它，他的良知便迫使他愛它。這種感覺才是天賦的。」在此，感覺並非感官知覺，而是指直覺而言，這種直覺是不可否認的。由此可見，盧梭的良知理論有些自相矛盾的地方，但是，無疑它提供了人生重要的指導原則。

他在另一方面的成就是政治學說，接著，我們要介紹盧梭的政治哲學。

社會契約

一個人活在世界上，開始的時候是一個個體。後來發現，一個人的力量不足以抵抗大自然的威脅，於是很多人就結合起來共同求生，這個時候就出現合約的問題。什麼是合約呢？就是大家交出共同的、平等的權利，組成一個部落，後來慢慢形成今天的政府。在這個過程之中，出現了普遍意志和全體意志兩個觀念。

普遍意志（volonté générale）是好的，因為它是自然的、永恆的、向善的意志，它跟每一個人天生的意志完全配合。因此，所謂普遍意志是說：我們大家組成一個社會，這個社會上的公約，代表了我們大家的意志，它對我們每一個人都是有效的，使我們每個人都從內心發出，從本能上就要支持它，這就是普遍意志。

他說：「人民的聲音，就是上帝的聲音。」（Vox populi, vox Dei.）讀起來的確鏗鏘有力。我們先不管什麼是盧梭所說的上帝，至少人民的共同聲音表達出來，的確是唯一可以代表大家的普遍意志的。現在問題來了，什麼是普遍意志呢？普遍意志一定是相對於個人意志來說的。因此，假設一種情況：一個小小的宗教團體中，有其共同的意志，它在這團體之中是普遍有效的。但是，這個團體在國家裡面，照樣是一種個體的意志，也就是它不能違背國家的意志。因為國家是所有的人共同組成、共同認可的，所以國家的意志才是最重要的。但是，相對於世界來說，國家也是一個個體，所以世界上所有人的意志，才是真正的普遍意志，而不能以國家做為最後的單位。為什麼呢？因為若以國家為最後的單位，很容易就會以為一個國家中民意代表所決定的意志，就代表所有人的意志。也就是說，凡是透過民意的表決（多數決）方式來表現的意志，就是「全體意志」，但不等於「普遍意志」。

普遍意志不會錯誤，它是永遠正確的，因為它所反映的是人民內心真正的聲音。並且，普遍意志是以全世界，以所有的人為其訴求的。而國家意志只限於國家，譬如，德國或法國，兩國各有其國家意志，那麼兩國打仗時怎麼辦呢？所以，如果把人的地位提升到世界的層次去理解，就會明白只有人類才有普遍的意志，而國家只是相對於此的一個個體意志。國家的權力只能在國家的範圍中實行，不能在世界上實行，因為世界還沒有形成世界國。

因此，我們可以瞭解，為什麼盧梭的政治理論深受重視。一方面他強調國家的重要性，國家的法律是全體意志的表現，是國內每一個人都接受的。但是他提醒我們：「人民不會被腐化，但經常被欺騙。」想想看，人民怎麼會被腐化呢？權力才會使人腐化，但我們上哪兒找那麼多的權力，使所有的人都被腐化呢？所以，人民絕對不會被腐化。但是，人民經常會被欺騙，而這欺騙會不會維持很久呢？我們不知道，也許人民的意志最後會表現出來，證明還是有普遍的意志存在。而這也就是使得所有的政治權力與國家中的政府，不能為所欲為的理由。

今天的民主政治是以多數決定來判斷民意，但多數決定是一個有問題的表決方式。投票選舉時，某人比另一人多了一百票就選上了，他的意志就代表我們所有人的意志，而事實上，他的得票率恐怕只佔百分之三十而已，但他卻能代表我們所有的人，因此，這顯然是有問題的。的確，他選出來是靠多數支持，但是，多數並不代表是正確的，更不代表是全體的。

盧梭的辦法是在國家之上設立一個普遍意志，何況是各個省、縣、市、更小的政府或是議會？層層而下，使它的有效性受到限制與約束。另一方面，就國家整體來說，還是必須針對人類的共同意志來負責。

但是，什麼是普遍意志呢？我想沒有人瞭解它的真實內容。我們所能瞭解的是全體意志。什麼是全體意志（volonté de tous）呢？凡是透過多數表決，以投票方式表達出來的，就叫作全體意志。因此，這讓我們明白政治上沒有最後的、永遠的真理。要知道我只代表我的個人意志，個人意志要服從全體意志。但全體意志不是最善的，它可能還有問題，也就是還有普遍意志高高在上。但什麼是普遍意志呢？只能說是上帝了。上帝是神，神到底給了人的良知什麼具體的內容，以致使所有的人均承認某些東西是我們大家所要的。

事實上，人類是有一些普遍相同的地方，在每一個時代及環境中，都會有人受到肯定，而肯定的理由都差不多。譬如，這是個誠實的人，他在任何地方都會受到肯定，不會被否定。這種好像是普遍地印在良心上的規律，如果要找原因的話，就只好說是上帝了。但是，我們如何與這個上帝交往呢？這倒不一定要信仰宗教。

盧梭本人，對宗教信仰的態度是相當模糊的。他是日內瓦人，從小信了天主教，後來改信基督新教中的喀爾文教派，原因是為了可以回到瑞士。但他信教之後並不怎麼在乎，與不信教的人也沒有太大的差別，那麼他是不是因為這樣而成為自然主義者呢？自然主義者的心態接近泛神論者。他說：「我絕不在房子裡面祈禱。」因為房子是人類文明所造的，我在裡面怎麼看得到神呢？所以祈禱一定要到郊外去，到大自然的懷抱中體會自然之美而祈禱，這才是愉快的事情。

但是，所謂在大自然中得到靈感而祈禱，並不等於肯定他是一個自然主義者。自然主義者認為，大自然就是一切，大自然就是神。許多詩人就是自然主義者，他們描寫花草樹木，把它們都看作是有靈性的，好像上帝的本身就是世界的本身。不過，這樣的自然主義有不少困難無法解釋，譬如，遇到颱風、下雨等天災時，難道可以說是神在生病嗎？因此，我們可以肯定大自然很美，表現出神的某種能力，但是它不是神。

我們研究一套哲學是否具有超越性，要看這套哲學所談的是不是完全限於世界萬物，好像除了大自然與人世間之外，別無任何做為根源的存在，如此就變成一種自然主義，甚至唯世界主義，結果使人的心靈沒有超越的餘地。盧梭在這一方面不能說是純粹的自然主義者。

所以，論及社會契約與普遍意志，他的系統是相當完整的，問題只在於什麼是普遍意志。因此，他設定一個條件：我的權利可以轉換給一個代表，但我的意志不能。權利和意志是不一樣的。譬如說：某人有權替我們投票，表決一個案件，但是我的意志不能轉讓。因此，我們僅

能選出代理人，不能選出百分之百的代表。換句話說，每一個人在世界上，都沒有任何一個人

可以代表他。這種觀念，在今天的民主時代也是很值得注意的。

一個民意代表只能代表行使我的權利，而不能代表我的意志，因為我的意志是僅屬於我自己的，不能轉讓。這一點非常重要。假如我的意志可以轉讓，就等於是把自己的自由給出賣了！因此，我們要定期舉行選舉，我選一個人出來之後，他代表我行使權利，我發現他的決定和我的意志不符合時，下一次可以不選他。這是盧梭對於當代政治思想很有啟發的部分，而我們大體上也按照他這種原則在運作。

自然的自由就是原始人的自由。我誕生之後，在原始社會裡無憂無慮，餓了就吃，累了就睡，所以身體非常健康，絕對不需要醫生。在原始的自然森林保護區內，一隻獅子需要醫生嗎？只有在文明社會裡，才有各種獸醫院，這是很可憐的現象。這些野獸與寵物原本天生都有自己治病的能力，而現在用我們人類的方法給一條狗治病時，我想這條狗大概病得很重，恐怕是治不好了！

人類也是如此，人類在自然的自由狀態之下，根本不需要醫生。那麼需要讀書嗎？我們有時候覺得讀書很好笑，試問讀書的目的何在？你明明不懂的道理，現在卻努力去懂，所以要去讀書。結果越讀越迷糊，發現自己無知，也發現自己本來並不需要這樣的知識。沒有這樣的知識，反而活得比較快樂。這是讀書所造成的困擾，而原始人沒有這樣的問題，他們有的是自然的自由。

不過，自然的自由早就喪失了，現在我們所要爭取的是公民的自由。什麼是公民的自由呢？就是一個公民在一個社會裡，在法律保障之下所擁有的自由。然而，公民有真的自由嗎？我們知道，任何社會都有一定的規範，你說你有自由，但你能不納稅嗎？不行的。所以，公民的自由另有所指。人們由契約組成社會，再形成國家的法律，視之為普遍意志的表現，其實只是全體意志。普遍意志又是來自人們內心真誠的希望，所以我在遵守法律時，就是遵守普遍意志，也就是遵守我的意志。所以，我遵守法律正是自由的表現。

譬如，我們現在自由表決需要什麼樣的法律，法律定下來之後，每個人都要遵守。但是遵守法律明明是放棄自己的自由啊！可是，不要忘了，這法律是我自由去制定的，所以，我自由地服從我所制定的法律，這就等於自由，因為沒有人強迫我，本來就是我的意願，這也就是普遍意志有效的地方，也就是公民的自由。

這種公民的自由是真正的自由人的表現，因為服從的百姓就是真正的自由人，這也是盧梭的格言之一。但是今天有些百姓是不會接受這個說法的，如果就人人應該服從法律來說，大家倒是可以接受的。不過，我如果說：「守法的人才是自由人。」一定有很多人會嘲笑，因為他們認為不守法才是自由。可是，你不守法，就破壞了你的意志所造成的法律，破壞了你自己的原則，這是自相矛盾的。所以，盧梭認為這是一個社會構成的基本條件。

人生實況

盧梭說：「人類生而自由，但到處都是枷鎖。」這句格言很有名。他接著說：「人以為自己是萬物的主人，其實反而比萬物更是奴隸。這種變化是怎麼發生的？我不知道。它是怎樣成為合法的？我想我可以回答這個問題。」他的回答就是：社會文明使人喪失自由。人活在什麼枷鎖之中呢？譬如，我們規定七點上課，你就一定得來。如果你要乘車，就必須等公共汽車，開車則要遵守交通規則，所以一切是有限制的。同理，你在社會上與別人來往，就會想到晚上該穿什麼衣服，上班該穿什麼衣服……你有什麼時候是真正無拘無束的呢？事實上，很多人一輩子都沒有自由的感覺，這是相當普遍的情況。

以盧梭來講，他父親是一位鐘錶匠，他每天看著許多鐘錶，有一天悟出一個道理，就把手錶去開，覺得從這一剎那開始才有了真正的自由，不需要問現在是什麼時間。我們不談日常生活中其他的約束，光是手錶上的時間就把我們控制住了。我們沒有辦法片刻離開手錶。我每天一直看錶，現在是不是該去上課，是不是要下課了，該回家了。但是，鐘錶轉一圈真的代表時間嗎？而人的真正快樂，正是在於擺脫時間的束縛。譬如，放假出遊時，不用問中午十二點以前要不要回家，不必想這一類的問題，就會很自在。看著天上白雲飄來飄去，鳥兒飛來飛去，沒有被時間所控制，不須想下一刻要做什麼。所以，最可憐的是那些大老闆，每天行程排得滿滿的，三點約見誰，四點出差去哪裡……我非常同情這些人。因為我在當一個小小的系主任時，已經很難忍受了，更何況那些每天要見數十張，甚至數百張、數千張面孔的大老闆。我們有時把自己放入枷鎖之中，給自己許多責任，事實上卻是離開人的自由越來越遠，離開我們本性的要求也越來越遠。

而盧梭在十八世紀已經有這樣的理論出現，對當時來說是很大的革命。後來康德說：「在物理學上有牛頓的革命，在研究人性問題上則有盧梭的革命。」換言之，我們以前都是先接受既成的事實，如首先肯定人是社會的動物。但是現在說人是社會的動物，已經是第二步，第一步要說人是自由的，而社會是加給人束縛的，文明的發展只是鎖鏈上裝飾的花朵。聽音樂、看畫展，以為自己非常高雅，卻不知自己是帶個枷鎖在那兒跑。這些裝飾只是為了容易讓人忘了自己是奴隸，讓人類自以為是大地的主人，是宇宙萬物的主人，但事實上卻是比其他萬物更像一個奴隸。

哲學家的話往往令我們重新思考：人生到底是怎麼回事？但他們說的話並不都是真理，重點在於他們所說的話背後有沒有一個完整的系統。思考必須求其一貫性，要看他的思想能不能自圓其說，為何可以堅持他的說法；第二步則須看他的立論關鍵何在。譬如，個人組成社會，每個人都有自由意志，再表現為一共同的普遍意志。如果組成國家的形式，就是全體意志，而全體意志的實施，必須透過民意代表，而民意代表所決定的法案，則是大多數人所決定的，這是不是正確的呢？不一定。那麼什麼是絕對正確的？普遍意志。什麼又是普遍意志呢？每一個人良心自然而然發出的要求就是普遍意志。那麼如何認出自然而然的要求呢？只有透過選舉，以「多數」來決定，但多數又不等於全部，因此構成了一個循環。外面有一個最高的普遍意志，它在國家之上，屬於人類所共有，但是它是什麼？所以說到最後只好推之於上帝，但這個上帝並不是宗教裡面所信仰的上帝，而是盧梭所認為的宇宙主宰，他的意志使每一個人有一共同的需要，這個需要發展出來並且與他的思想配合起來，可以形成普遍意志。因此，我們對於這個相對的世界，有何疑問，有何批判，最後都得尋找那絕對的普遍意志。然而，傳統的宗教已不能滿足盧梭和近代許多人，這時又要怎麼辦呢？這就是問題的癥結所在。

接著，盧梭既然主張人和動物的差別，在於人有自我改善的能力，而人類社會正好是自我改善的結果。譬如，我要生活，但一個人無法抵抗大風大雨，怎麼辦呢？就和別人合作組成社會來改善生存條件。但是，構成社會以後出現了許多罪惡，又該怎麼辦呢？能不能在改善之後，保留好的結果而避開壞的結果呢？很難！盧梭認為，罪惡是人類自己造成的，怪罪上帝並沒有用，這也是盧梭思想的關鍵所在。

掌握了關鍵，就可以進行思考。對於一位哲學家，我們要先掌握他的思想全貌，看看他的「絕對預設」是什麼。任何思想都有預設，譬如，我們要主張好好相處，這就預設了我們是一個團體，我們有一些共同利益和危害。如果沒有這個預設，我們的主張不是很好笑嗎？所以，預設是任何理論都會有的。「絕對預設」是其他思想的出發點，它本身是不能討論的。如果我相信宇宙是由精神的力量在運作，這就是「絕對預設」，無法證明，也不能討論。而盧梭的絕對預設就是普遍意志，其中又隱含了對上帝的肯定，只是它和宗教沒有必然的關係而已。

盧梭的思想中，最富吸引力的部分是對自由的強調。不管是原始的自由，或是公民的自由，人生活在社會之中是個既成事實，社會的組成也不完全違反人的本性，因為人也可以進而得到公民的自由。史賓諾莎（Spinoza, 1632-1677）說：「自由就是按照一個東西的本性去行動。」對人來說，就是按照人本性的規範去行動。配合起來看，即是我的本性決定我的行為。現在把我的決定放進法律裡面，所以我遵守法律就是自由，因此守法人就是自由人。盧梭指出：「為了使社會契約不會成為空洞的條文，它包含了這項默認，就是：只有它能對所有的人產生力量，無論誰拒絕遵守普遍意志，都將會被整個群體迫使去遵守它。意思正是：他將被迫為自由的。」

進一步來看，人在社會上不易得到獨立的自由。譬如，我在社會上生活，會受到社會風氣的影響，對價值的觀念也有所限定，認為財富、名聲是好的，等等。在這方面，盧梭非常強調特立獨行。因為這代表一個人的心靈真正的獨立，不需要依賴社會上多數人所構築的習慣去生活。盧梭說：「做為一個人，如果竟然不需要自己的靈魂，不需要自己的意志，而讓別人的靈魂來搬弄自己的手腳，則是荒謬的與倒錯的。這樣的人只不過是別人的工具。……凡依靠他人的人，自己就不再是人，他喪失了自己的獨立，他只是別人的物品，此外一無所是。」

前面所言，大都是盧梭的理論，現在談的，則是盧梭的實踐。實踐是指他實際生活上的表現。他很崇尚個人的自由，並且到處呼籲：只有真正的自由，才能展現生命的價值，生命的意義才不至於落空。

但是，這種真正的自由，一旦與社會有些衝突，就使人與社會格格不入，因而變得鬱鬱寡歡，以現在的話來講，就是「憂鬱症」。這方面，盧梭的不快樂是有名的。

近代大哲學家康德對盧梭相當佩服。在康德的書房中，牆上只掛一張盧梭的肖像。實際上，盧梭只比康德大十二歲，但是文名與思想廣為流傳，影響極大。康德一生極為嚴謹，從來不做超出理性範圍之事。他最標準的表現，就是每天下午三點半一定出門散步，而他每天所走的路現在還在，被命名為「哲學家之路」。每次他一出來散步，周圍的老百姓常常對錶，而且總是三點半，如果不是三點半，那麼大概是手錶錯了。但是，在他一生中僅有一次未出門散步，因為他收到盧梭所寄來的《愛彌兒》一書，看得連散步都忘了，可見這對康德的震撼之大。康德當時的想法是：「我想搞清楚，一個無神論者怎麼可能談愛談得這麼深刻？」

康德四十歲的時候，寫下盧梭對他的影響：「我天生就是一個追求真理的人，我感到對知識深切的渴望與不息的熱情，想要在知識中前進，並且每走一步都渴望著滿足。有一段時期，我認為只有這種知識與渴望才是人的榮耀所在，我卑視一般一無所知的人。但是盧梭把我糾正過來了，我的盲目偏見消失了，我懂得了尊重人性；我認為人性足以使所有的人具有生命價值，足以確立他們做為人的權利；如果我不能持著這種觀點，我就認為自己連一般的工人都不如。」

不過，康德和盧梭的性格正是南轅北轍：康德是嚴謹規律，一絲不苟，沒有任何行為是非理性的；盧梭則認為一切規則都是枷鎖，都是束縛，所以要把它打破，以便讓個人的熱情得以表現，隨心所欲地做一些真正自由的事情。他寫《愛彌兒》探討教育問題時也是一樣，要把傳統的宗教觀念、宗教教育擺在一邊，把各種理性主義所規劃的教育方案也擱在一旁，全力強調「適性發展」。我們今天許多教育改革者不也在強調嗎？

這本《愛彌兒》，康德看了之後大為驚訝。因為像康德這麼嚴謹的人，什麼都掌握了，唯獨就是漏失了人性。對人性活潑的生命力，康德很難感受到，而盧梭正好可以提供。

康德怎麼形容盧梭呢？康德說：他是一個憂鬱的人，很少在乎別人的評論，以及別人對於真或善的意見，他純粹以自己的洞察（即自己認為對的）為據，動力則多來自自己基本的天性，他的意志是不輕易轉移的。所以，他的堅持，有時候會顯得比較頑固。他對於時髦的變化很漠視，並且輕視那耀眼的外觀。但是，他對人性的尊嚴則有崇高的看法，他尊敬自己，也認為人是值得尊敬的生物。他不是「眾人皆醉，唯我獨醒」，他是以自己的方式來肯定每一個人都具有某種尊嚴，而這尊嚴是不能被替代，也不會被群眾的聲音所埋沒的。換句話說，他是要把個人從群眾中解救出來，不能容忍個人的自由被放棄、被忽略，只是隨著群眾意見和行為模式來生活。他不肯卑躬屈膝，而要呼吸自由的高貴空氣。在他看來，一切的鎖鏈都是令人厭惡的。從朝臣的金光閃閃的鎖鏈，到長船上奴隸黑褐色的沉重鐵鍊，都是令人厭惡的枷鎖。他對他自己是嚴格的裁判者，對於世界也是一樣。

在此，我們可以得知一個人是否真誠。假如盧梭拿這些話批評別人、批評社會，而自己則不在被批評之列，那麼他就是偽君子。譬如，批評別人一天到晚只知道升官發財，但是當自己一有機會就非常興奮，這就是偽君子，不如不要批評別人。

一般來說，社會上虛偽的人居多，因為人類要靠批評別人來維持自己的高貴。像這些話都是從盧梭那兒推演來的。這是什麼意思呢？要稱讚、肯定自己是非常不容易的，那麼就只有批評別人了，把別人醜化、矮化，藉此來肯定及凸顯個人的成就。

相反，若有人批評社會上各種不義的行為，同時自我要求很高，絕不放棄原則，這樣的人是值得尊敬的。但是像盧梭這種人，如果有人請他出來做官，出來發財，他是否還是一樣堅持呢？這還有待商榷。尼采說過：「一個真正的哲學家，只有在死後才會出現。」換言之，活的哲學家都是假的。尼采講出這種話，顯然和他坎坷的一生有密切的關係。以盧梭來說，他的性格與社會生活頗有差距。盧梭在他的《懺悔錄》與書信中一再聲明，只有當他脫離人群的時候，他對人群才能感到最親切的關愛。但是，在接觸人群，並勉強服從社會習俗的時候，他覺得人群就不可愛了。

他在晚年時說：「我不是為社會而生的，社會中的一切，牽強而令人厭倦。我獨立的天性使我無法向那些芸芸眾生所接受的東西俯首順命。當我行動自由的時候，我是善的，我所做的一切皆善。但是一旦我感覺到人的枷鎖落在身上，我就變得叛逆而頑強，於是，我一無是處。」盧梭一生在情感上頗為困頓，他儘管有高尚的道德理想，卻從來未能免於墮落的危險。他在《懺悔錄》中，描寫自己愛上迪瓦倫男爵夫人之後，如何從哲學家、社會批評者與自由的使徒，再度變成迷途的牧羊人。

盧梭認為獨立是最高的善。原始人是最獨立的，因為他只是為了吃與喝，僅要滿足基本需求。一個人沒有需要，不就沒有鎖鏈了嗎？中國古人講得很有道理：「有所求，必有所待。」你有什麼事要我幫忙，你只好等待、依賴我，那麼你就不自主了。假如你一無所求的話，誰又能奈你何呢？誰又能約束你、要脅你呢？所以原始的人是很獨立的。但後來社會慢慢演化，加給人許多原來不需要的東西，商業廣告就是最明顯的例子。

周圍的人無法讓你產生自覺，你就應該思考人類原始的情況。盧梭生在近代社會，文明的發展不可能被他一個人所改變，因而他的一生注定是痛苦的。他不能像美國的梭羅（H.D.Thoreau, 1817-1862）一樣住到湖邊，寫《華爾騰湖》（又譯《湖濱散記》），發現大自然之美，描寫公雞在太陽出來時立刻啼叫，在啼叫時，彷彿世界就只有牠的聲音是最雄壯的，牠要喚醒整個世界。你會由此思索：菜市場裡面的一隻雞，怎麼會有這麼威武的一面？這時你才發覺：每一個卑微的生命，都有它存在的價值，只要放在適當的時候、適當的地方，同時要有個適當的人去欣賞它。盧梭愛好大自然，他認為要突破文明、突破社會，就要儘量返回大自然，在大自然中，才會感覺人在原始狀態中不受束縛的喜悅。

在這個基礎上，他可以說是屬於樂觀主義（Optimism）者。什麼是樂觀主義？有兩種立場：第一種是根據宗教信仰，把所有悲觀的事情都解釋為樂觀的。譬如，看見火災，很多人不幸喪生，此種樂觀主義者就會說：這種火災一定有些道理，它是要犧牲少數人來提醒多數人要注意防火。可是，那犧牲的人不就很倒楣嗎？一七五五年，里斯本發生大地震，有個人寫了一首詩，說這個大地震是可以忍受的，盧梭無法接受這種說法。

而盧梭的樂觀主義並不需要任何理由。很多人認為活在世界上是痛苦的，古希臘就已經出現這種思想，說人活在世界上的唯一目的，就是早點死去，因為活得越久，受的苦就越多，犯的錯也就越多。這實在是很悲觀的色彩。中世紀一位神父也說：「很少有人願意再生為人。」我們反省一下，如果現在讓你自由選擇，你還願意做人嗎？願意活在世界上嗎？假如仔細反省自己這一生，恐怕大多數的人不願意活了。有人會說願意，但是他有沒有想到過去一生是經過多少考驗、多少僥倖、多少他人的幫忙，才走到今天這一步。將來，在新的生命出現時，能不能再得到這些幫忙呢？恐怕沒有把握吧！相反地，如果不曾出生，也就沒有痛苦和快樂了。

盧梭並未提出特別的理由，他肯定活在世界上就是一件快樂的事，雖然許多人討厭他。即使有痛苦，盧梭認為那也是一種價值，用以考驗我們自己是否是自由的。

結語

盧梭的思想，就傳統西方哲學來說，是相當特別的。他直接以自己的生命做為見證，並不是只提供理論資料而已。對於傳統宗教，他認為宗教信仰一定要在自由的心靈裡面去信仰及崇拜才有用。真誠地讓內心去體會，信仰才有基礎；反之，沒有誠意，沒有自由，宗教反而是增加了一層束縛。所以，唯有自由的精神，才能使我們的心靈活躍起來，也才能真正領會宗教的意義。

他主張：凡不以自己為自由生命的人，就是把自己與神之間的道路一概切斷。他進而指出：良知是宗教的真正淵源所在——「良知！良知！神聖的本能，不朽的、天國的聲音，引導著無知而有限的生命。但你是明智而自由的，你是善惡的公正裁判，因而使人與神相似；是你使人的天性優美，使人的行為合乎道德。沒有你，我覺得自己無異於禽獸，只能悲哀地在錯誤中飄泊，雖有悟性卻沒有規律，雖有理性卻沒有原則。」更明確的說法是：「不管你將來信奉哪一種宗教，都要記得：真正的宗教義務是獨立於人的社會機構之外的，正直的心是真正的神殿。……凡是要人免除道德義務的，便沒有宗教可言，這是真正基本的東西，而內在的崇拜是這些義務之首，沒有信仰便不可能有真正的美德。」由此可知，盧梭雖然與當時的宗教不能相契，我們卻不能說他沒有深刻的宗教情操。

在今天這個時代，重新反省盧梭的思想，我們可從教育方面強調每個人不同的個性，並且尊重個性，這對於今天高度制度化的社會來說，是很有參考價值的。

就個人生命而言，盧梭具有獨特的吸引力，不過這種吸引力主要是使個人在休閒生活上，提高品味的參考。如果你真的學習盧梭，表現不妥協、不忍耐的性格，我們還能和別人維持友誼嗎？我們可能立即面臨孤獨的苦果。

人的自由，只有在獨立的時候才能真正表現出來，就是完全不依靠別的條件，只服從自己的命令。例如，你叫我做一件事，我就不是自由的了，我只不過是你的行動的工具而已。因此，人的尊嚴要以自由為前提。

經過盧梭的解釋之後，我們即使無法全盤接受，也應該注意他的基本觀點。譬如，人性的尊嚴是不能替代的；人的權利可以轉讓，因為群體生活必須如此；人的意志無法轉讓，因為意志與良知是結合在一起的。身為人群的一份子，要從自愛出發，經由同情，感受到周圍的人，甚至對所有的人產生真實的情感，然後可以建構社會正義及秩序，而這些都是建立在人與人之間的親密關係上。盧梭既重視個人，也重視群體的關係。回溯根源，即可明白人的自愛，與生物的本能是並行不悖的。他的思想系統即由此一步步建立起來。

至於上帝，他是普遍意志的保障，因為普遍意志永遠高於國家的、社會的、社區的群體意志之上。普遍意志既然和人世間透過表決的全體意志不一樣，代表它有更高的來源，也就是上帝，但這個上帝不等於宗教信仰中的上帝。

我們介紹盧梭，因為他是啟蒙運動的代表。透過他，我們可以大致明瞭啟蒙運動在法國的發展。卡西勒（E. Cassirer）在〈康德與盧梭〉一文結尾時，比較這兩位哲學家，認為他們有一個共同的偉大使命，只是在實現的途徑上兩人大不相同：「盧梭是先看到目標，然後用極大的熱忱宣布出來。他必須去克服那些根深柢固的偏見，去掃除那些巨大的障礙，這些事情用冷靜的思考是辦不到的。他不得不借助所有熱情的力量，以新穎的言詞來表達。在盧梭身上我們見到那初次的爆發，那種爆發是難以控制的。」一對盧梭的性格與他的哲學之間的關係，這一段話是精采的總結。

2

康德

Immanuel Kant

1724-1804

「道德首先被要求的是支配自己。」

——康德

康德說：「我應該，所以我能夠。」

能夠是隨著應該而來的，因為這個應該是內在給自己立的法，在自己的能力範圍裡，你一定瞭解整個情況，然後告訴自己應該做什麼。能不能做到是一種潛力、能力的表現，還沒做以前，人往往認為自己做不到，一旦去做了，才會發覺自己潛力無窮。

引言

時代背景

在西方哲學家之中，有兩位重要的人物，一是柏拉圖，二是康德（Immanuel Kant, 1724-1804）。他們之間有些相似之處，譬如兩人都沒有結婚，都活到八十歲，終其一生都在思考著哲學問題。所謂思考哲學問題是說，雖然生活在充滿變化的世界中，但始終相信並且努力探討一個永恆的境界或超越的世界，肯定它不會隨著變化而消失。他們兩人在這方面的追求態度是一樣的，並且所得的結果也有些相似的地方。

以康德來說，他生活的年代在十八世紀，距離我們約兩百多年。由西方近代的歷史，可以看出哲學的發展已經有了明顯的進步。隨著義大利開始的文藝復興運動，思想界逐漸走出中世紀那種比較壓抑的環境，而回歸希臘文化。它的特色是對人的自然生命比較尊重，因為希臘時代的人表現的情操，是肯定現實世界，追求大自然的美，以及重視人品的修養。這種傾向脫離了中世紀講求神聖，卻壓制、忽略現實情況的宗教，進而重新由感官與理性去掌握及肯定現實的一切。文藝復興運動以回歸希臘文化為其根源，重新肯定了大自然的美以及人的存在。人可以不再依靠宗教信仰而肯定自己獨立的地位，這是文藝復興最大的成就，亦即讓人可以由新的角度思考自己的問題。

順著這個方向發展，便引發了十七、十八世紀的啟蒙運動。「啟蒙」一詞由字面上看來，好像是原來一片漆黑，而後才出現光明。我們說小孩子受教育為「啟蒙」，因為小孩原來靠本能在生活，告訴他道理之後，他就知道該怎麼做，怎麼抉擇，這表示他的生命從此不再是黑暗的。啟蒙運動基本上是要讓理性的光明重新照亮人類的生命，所以理性的地位無限提高。啟蒙時代的哲學家，早期有盧梭歌頌自由的可貴，主張人類應回歸大自然，亦即人在已有的一切上不須奢望太多，也不必談所謂「超越的啟示」，因為啟示談太多也無人能證明其真假，反而流於解釋上的問題。譬如，僧侶階級獨佔了解釋權力之後，別人就無法得到可靠的知識了。

啟蒙運動出現以後，肯定每個人都有理性，每個人的理性都可以追求真理。再進一步的發展，就是要探討人生的幸福何在。人生的幸福當然在於追求真理，但是若只用理性去追求，能得到真理嗎？能得到幸福嗎？人生的幸福除了理性的層面，還包括實踐的部分，由此可知幸福不是理性可以衡量的，它屬於「質」而非「量」。理性往往可以衡量計算，但幸福不同，幸福必須落實到個人的德行上，包括個人與社會的關係上。

關於康德的生平，西洋哲學史家柯普斯登（F. Copleston）在介紹康德時，一開頭就說：「康德的一生基本上是平淡無奇的。誠然，一位哲學家的生命本來就應當為反省而貢獻，而並非要浪費於一般日常活動上。他不是沙場上的勇將，也不是北極的探險者。除非他像蘇格拉底一樣要喝毒酒，或者像布魯諾（G. Bruno, 1548-1600）一樣被判火刑，不然他的一生自然會顯得平淡。康德甚至不像萊布尼茲（G. W. Leibniz, 1646-1716）一樣到處閱歷，他的整個一生都在東普魯士度過。他也不像後來的黑格爾一樣，在一代首都的大學府中當起哲學上的霸主。他只不過是一個小城市中，一所頗負盛名的大學裡的一位卓越的教授。他的性格亦不像其他有如齊克果與尼采的性格一般，足以為心理分析家提供一個探祕的園地。他晚年的時候，極有規律的生活與極守時的癖好，曾經傳誦一時，然而我們顯然很難因此把他描述為一個性格怪異的人。我們倒可以說：他平靜的一生與他巨大深刻的影響，這兩者強烈的對照，正好是最富於傳奇性的。」以上這段描述十分允當。

康德生於東普魯士科尼斯堡（Koenigsburg）一個製馬鞍匠的家庭。早年生活於基督宗教虔信派的環境中，並且終其一生都欣賞真誠的虔信派的良善品德。康德十六歲讀大學，對自然科學與哲學都深感興趣。畢業後擔任家庭教師、大學講師，到四十六歲才受聘為科尼斯堡大學的邏輯與形上學教授。康德所教的課程還包括物理學、數學、地理學、人類學、教育學與礦物學。他的第一部代表作《純粹理性批判》，發表於一七八一年，這時他已經五十七歲了。自此以後他的作品一一問世，如《對一切未來形上學之序言》、《道德形上學的基礎》、《自然科學之形上學原理》、《實踐理性批判》、《判斷力批判》、《理性範圍內之宗教》、《永久和平論》、《道德形上學》等。他能如此著述，是因為充分把握了時間。他每天早上不到五點起床，六點之前用來品茗抽菸，計畫當天要做的事。六點到七點準備講課，然後十點以前就上完了課，接著埋首著述，直到午餐。下午作一小時的散步，黃昏及晚間一般用來閱讀及思考，十時就寢。規律的生活使他學思有成。

思想背景

康德的思想背景主要是近代的兩派哲學：一是理性論，一是經驗論。笛卡兒與史賓諾莎屬於理性論。以淺顯的話來說，人類有兩種，一種是心比較硬的，一種則是心比較軟的。心硬的較重視經驗，赤裸裸的經驗顯示人類社會弱肉強食，這是很冷酷的。經驗主義強調從經驗中找到立論的材料，建構一個客觀而冷靜的體系。理性主義屬於比較心軟的一邊，總是在期待一些較好的局面，這也是比較溫情的。在西方近代的幾個主要學派中，這兩種立場是涇渭分明的。

問題是：它們為何要分成兩派，而我們在選擇題材時，又為什麼側重理性主義？因為談人生哲學當然要選溫馨的一面，若是只談實際的、緊扣經驗毫不留情的題材，會讓人覺得人生毫無樂趣可言；沒有理想層次的經驗，通常都是不太可愛的，看得越多，對人生只會越失望。

那麼，是否製造一個迷幻的世界較易為人接受？其實也未必，經驗主義仍有信仰宗教的可能，宗教本身即是一個溫暖的歸宿。以康德而言，他所面臨的時代困境是，理性主義與經驗主義皆已走到極端。理性主義走到極端就成了「獨斷論」。何謂獨斷論？就是肯定每個人生下來心靈裡就存有「天生觀念」，而他在世間的一切經驗都是機緣；由於機緣出現，他的觀念可以得到證明。譬如，我只見過一頭牛，但我知道牛之所以為牛的本質是什麼，一旦掌握了這個本質就可以認清一切的牛了。這說明人的心靈原本就有豐富的天生觀念。理性論若不這麼講，又怎能保障知識的普遍性呢？如此一來，個人的經驗雖然有限，但是可以將它普遍概括至所有不同的時代、不同的環境。

人類為什麼有此本事？靠的當然是先天觀念，因為後天的經驗累積是沒有普遍性的。面對一個撒謊三次的人，你很難斷定他的本質就是會撒謊的，因為人會改過遷善，說不定他第四次就不再撒謊了。人是最難普遍化的，個別差異在人與人之間更為凸顯。身為主體去認識萬物時，普遍性若非後天得來，自然是先天就有的。理性論正為了保障這一點。

再看經驗論。為何在眾人批評它只講經驗的歸納、沒有普遍性時，仍要堅持自己的立場？因為經驗論者認為，「心靈如一張白紙」，一個經驗產生了印象，累積後成為聯想的材料；聯想的東西沒有普遍性，但經驗論者謙虛地表示，只要夠生活之需就好了。譬如，我只需瞭解一些朋友的性格，不必管他們的本質如何，只要知道他們在特定情況下會有什麼反應。經驗主義為了保障知識的擴張性，只好接受「不能完全靠後天經驗」的事實。

何謂擴張性？亦即經驗不斷累積，會有新的知識出現。以你對一個人的瞭解為例，他以前未曾做過某事，現在做了，和他相識越久，你對他認識的材料便越來越多。那麼，強調經驗論又會發生什麼困難呢？就是到底有沒有自我呢？若靠經驗累積，你對自我的瞭解恐怕將墮入懷疑主義。有的經驗論認為自我是「一束知覺」。你不妨反省一下什麼是「自我」，或許你現在的自我是正在看、正在聽、正在想，但是一離開看、聽、想，還有沒有自我呢？於是，自我變成一束印象，是一束知覺合在一起，若是把知覺分開，自我就不見了。

如此一來，宇宙萬物似乎都無法被人掌握了。舉例而言，這是一塊白板，你看到的是「白色」，並未看到「板」，此時的「板」已被顏色遮蔽。那麼，你能不能看到「板」的本身呢？通常我們只能接觸到顏色、聲音、影像、形狀等，由這些再造成認識的效果。若科技設備較好，則可以將物體投影到某處，看起來雖是以假亂真，但它並非真實的存在。電影中常見大場景的作戰畫面，就是利用特殊效果營造出來的，說穿了只是透過觀眾視覺的誤差，造成所欲傳達的效果罷了。我們可不可能看破這種情況？可能。所以，經驗論到最後就變成懷疑論了。一是獨斷論，一是懷疑論，這兩者皆是思想的末路，不能再發展了。

康德的時代正好碰上這兩種學派走上極端、分道揚鑣，完全不能溝通，這是個很大的危機。我們可以想見，康德的做法一定是要設法掌握兩者的長處。譬如，我如何得到一種知識，使它兼具普遍性與擴展性？一旦康德成功了，他就能改變整個時代的危機。思想家的意義也正在這裡。有時人們不知不覺地接受某種思想，以為那是對的，進而以為其他的都是不對的，但是可能忽略了，別人或許也有對的地方。那麼，誰來綜合它並提出一個系統（並非妥協或折中，而是重新解釋它）？這就需要像康德這樣具有特殊才學的人。

第三個思想背景是「哲學上的哥白尼革命」。哥白尼革命本是天文學上的創見，它以「地球繞太陽轉」推翻了「太陽繞地球轉」之說，康德以此自許。依他所見，從前的哲學家相信他們能夠認識萬物，於是拚命質疑於「我所認識的某物是真的嗎？」但他們忽略了在質疑前應該先問：我能夠認識嗎？康德的革命就是把方向倒過來，先追究「我到底能不能認識？」康德有三大批判，第一部就是《純粹理性批判》，其中講的是要思考我們能夠認識什麼？在尚未確定認識某物之前，要先反省自己的認識能力，亦即先瞭解到底人類能認識什麼？並藉此機會找到人類知識的可能基礎。

純粹理性的限制

康德如何分析人的認識能力呢？他指出：人的認識過程有四個階段，就是「感性、想像、知性、理性」。認識一物時，我們必須先使用感性（感性代表感官能力的表現）。要認識一張桌子，它必須先被人的感官察覺——看到桌子的顏色、形狀、方位，肯定它繼續維持它的存在；亦即，它必須有時間上的連續性與空間的方位性。那麼，什麼是時間？什麼又是空間？康德最特別的見解就是把「時間、空間」從外在拉進內在，他認為時空是我們的感性之先天的、直觀的條件。我們平常說桌子在空間裡，好像空間是外在的，其實不然；沒有人可以先發現桌子，再肯定它佔有空間，當你發現桌子時，它已在空間裡。空間代表前後左右的方位、排列的順序，若空間不是內在先有的，你如何能看到這些東西在空間裡呢？

空間並非由後天經驗歸納的結果，而是先天既有的形式（Form），形式不同於內涵。一旦桌子被我們感覺到，它一定需要空間才能出現。說得更實際些，一隻狗與一個人所見的桌子，是否相同？所有的動物看到的必然不太一樣。不一樣的原因，一是興趣不同，一是本身結構的差別。以此類推，人類所見的世界是否就是真相呢？無人可以斷言。我們只能說，人類所見的世界是符合人類興趣指向的結果，或者人類所見的世界是人類感官結構對應下所顯示的世界。

一般人對時間的認知是，時間是運動的計算。那麼，究竟先有運動讓你計算，才有時間，抑或先有時間你才能運動？應該是先有時間才能運動，一個輪子每轉一圈要花三秒鐘，若沒有時間，輪子如何運動？基本上，時間是內在的。以常識來看，空間是在外面的，時間亦然；但若要作真正的思考，則感覺之所以可能，皆來自人內在先有時間、空間的形式。外在所見的是內容，形式加上內容，才構成了人認識的對象。這是康德的第一個基本觀念。

這第一步的後果非常重要。我所見的世界，如果是經過我提供時間、空間做為形式，同時形式是普遍為人人所有的，那麼我們對一件事物的掌握便能互相溝通。然而，我掌握的事物不過是被我的形式加工之後的結果。看到一張桌子，是否代表看到桌子的「本身」？其實，我看到的，是被我看到的桌子；因為被貓或狗看到的桌子是不一樣的，至少你不能說它們是一樣的。這說明了：人看世界時，並未看到世界的真相，只是看到世界可以被人看到的部分，哪些部分可以被看見呢？這要依人本身認識的結構、條件而定，這是很有趣的一點。

但是，問題在於世界的本身「不可知」。試問：上帝是否存在？很多人最後的答案恐怕是「不能得知」吧？因為我們沒有那種感官去看到、想到或肯定上帝，你能看到的是在經驗中透過特定的形狀、特定的方位，有某種重量、某種實體的東西。假使你真能看見上帝，它又在哪裡？它若在此處，便不能在彼處，無形中上帝便受限制了；我們只能看到具體之物而無法見到神，如此一來，所有東西的本身都變得不可知了。不可知不表示不存在，你相不相信你三代以前的祖先存在？當然相信，但你可能不知道他的情況。

人的認知過程

康德強調任何認識都從感性開始。要認識一個人，一定要先看到他的形狀、樣子、顏色，這是感性的作用。第二步是想像，想像是人類特有的本能。看到一頭牛，你開始想像牛之所以為牛應該是什麼？想像是很奇妙的，小孩了到了可以看漫畫的年齡，想像力就非常豐富。我們常說，一個小孩若有潛能，想像力必然豐富，但一經學校天天考試的教育，想像力便被扼殺了。康德在此強調，任何一種認識過程，第一步一定透過感性得到素材，再經想像的運作後，就變成可以讓我們下判斷的知識的對象。

真正的知識出現在第三層——知性。知性有十二個先天的範疇，以量來說，有「統一性、殊多性、全體性」；以質來說，有「實有性、否定性、限制性」；以關係來說，有「實體與偶性、原因與結果、交互性與集合性」；以狀態來說，有「可能性與非可能性、存在與不存在、必然性與偶然性」。這十二個範疇是先天的，它們的存在是為了對應於我們的知性在實際運作中所展示的十二種判斷。我們在作判斷時，也就是在形成一個命題時，如「台大學生是好學生」，已經使用了知性的先天範疇。因此先有範疇，才能判斷；而有了判斷，也才能反證出來究竟有哪些範疇。我們的判斷也有十二種，分別是：以量來說，有「普遍、特殊、單一」；以質來說，有「肯定、否定、不定」；以關係來說，有「定言、假言、選言」，以狀態來說，有「或言、斷言、必然」。

康德的純粹理性批判，幾乎沒有一句話是與現實生活有關的。縱使人自認是理性的動物，經他一分析之後，人的理性便會變得很陌生。以看電影的慢動作鏡頭作比喻，一個小孩看見一頭牛，在簡單的一秒鐘判斷中，康德的慢動作可將之分析為幾十個步驟。為什麼他看到牛呢？因為他內心有時間與空間兩個形式：空間指的是這頭牛在這裡而不是在那裡，在桌子後面不在桌子前面，此外，如果牛一轉瞬間即不存在，他便不能判定這裡有一頭牛。所以，時間、空間是主觀內在心靈的形式，加在外在的東西上，使之成為我可以認識的對象；雖然我不知道牛本身是什麼，但因我看到牛透過感官給我的印象後就可下判斷，於是開始「想像」凡與此物相似者就是牛，牛的觀念就進入我的心中。

下一步我就會說，「這是一頭牛」，而當我這麼說時，已用了十二個範疇中的一個——統一性，它不是一團分裂的蛋糕，而是一頭牛，這「一」就是指統一性，「是」就是肯定；肯定、否定、統一、全體、部分等都屬於十二範疇，這些是知性原本具有的。我們的知性本身有十二個範疇，可分為四大類：一是量；二是質；三是關係；四是狀態。從這個簡單的分析中，你或許會奇怪：我們內心真有這麼複雜嗎？康德的說法，基本上可以得到相當高的認同程度。為何可以肯定，凡存在的東西都必有重量呢？第一，分析「物體」這個概念，一定分析不出重量；又如「一加一等於二」，但從一中找不出二來，所以這些判斷並非分析的結果。這麼說，它是靠經驗得來的嗎？也不是，靠經驗不能產生普遍性。

物理學、數學等科學上的知識可以成立，皆因康德用的這套解釋方法符合兩個條件：一是主體有先天的形式，二是外在世界提供後天的材料。形式是先天的，材料是後天的，二者合而為一，天衣無縫；先天的形式使我們的知識具有普遍性，後天的材料使我們的知識具有擴展性，如此一來，他把近代西方的理性論、經驗論的問題都解決了。然而這樣做真的可以化解嗎？事實上，以前既存的知識都存在了，絕不會說康德以前的知識都有問題，因為沒有經過他的批判。他只不過把從前建立的知識的道理說清楚，若是不去追問的話，人永遠不會瞭解自己內在理性的結構、理性的能力是什麼，而以為這一切是理所當然的。哲學與科學一樣，必須將人認為沒有問題的知識作深度剖析，分析到一個人的理性本身的結構，就會發現感性、想像、知性與理性四個層次。

理性指的又是什麼呢？一般談的理性是廣義的，如肯定人是理性的動物，可以思考、反省、說話，這些是理性的表現。但這裡所謂的理性是狹義的，狹義的理性只有一個作用，就是統合作用。舉例來說，昨天所見的世界或許與今天不同，但你知道這是同一個世界，如何得知？理性把它統合起來了。再談自我，為什麼你會後悔曾經做過的事？為什麼你今日說的話，明天還得去實現呢？就時間而言，此一時也彼一時也，但因自我是統合的，你會發現不守承諾是行不通的。狹義理性的作用在於，它把自我統合起來，把世界統合起來，最重要的，整個宇宙需要一個最後的原因，那就是上帝。

康德哲學注意到理性的特別作用。在他的不可知論中，指的是「自我、世界、上帝」這三者不可知。一般人想到自我時，一定想到自我的作用。譬如，我現在反省什麼是我的自我，會得出這樣的結果：我是讀過許多書的、戴眼鏡的、有些朋友、很愛講話的……這些都是作用——我所表現的作用。什麼是我的純粹自我？找不到，一離開這些作用我便看不到本體，這叫作「即用顯體」，離「用」就看不到體了，因為體不可見。譬如，你在路邊看到一個方方的物體，判斷不出它是車子還是房子，這時，你要看看它是不是可以開動的、用處像車子的，若是，則可稱之為車子。「即用顯體」是說，一個東西本身若無作用的話，你根本無從判定它是什麼。

那麼，世界又是什麼？我們始終生活在世界之中，又怎能知道世界本身是什麼呢？因為我們缺少一個參考點。阿基米德說：「給我一個支點，我可以撬動整個地球。」這裡要強調，所謂不可知，指的是憑人類理性的能力，不能知道什麼是自我，因為自我是在我知道之前就有的，它不是我知道的對象，你知道的對象只是自我的作用、自我的表現。這樣的思想有沒有參考價值呢？每個人都知道自己，常會懊惱自己過去的作用，這些都屬於過去的事情，它固然構成了自我對自己瞭解的內容，但它並非自我本身。自我本身在於始終會有新的可能性表現出來，生命的本質就在於創意，因此自我本身可以不斷表現新的面貌。

既然它不可知，我又何必去限制它？世界一樣是不可知的，上帝也不可知。如果請那些相信上帝存在的信徒，去畫出各自心目中上帝的形象，結果一定各有不同；讓一個家庭中的三個小孩來畫爸爸，三個人畫的也不會一樣，因為他們畫的是自己心目中的爸爸，是他們所瞭解的爸爸的表現，「爸爸」本身則畫不出來。這說明了自我、世界及上帝的不可知。

研究康德思想，會發現在出發的時候壓力很大，但這一切無非是要說明知識的有效性，這是前提。第二步，我們要瞭解，知識的有效性與知識相對的限制是必須同時考慮的。知識一定在某一範圍內有效，但不會永遠且無任何限制地有效；知識在地球有效，在月球未必有效。人只有知道自己的限制後，才可肯定某一知識的有效，並且在限制內是有普遍性，可以加以肯定的。康德至少幫我們重新建構了知識的基礎。

接下來要談康德一生中的四大目標。他一生中希望解決四個問題：第一，我能夠知道什麼？第二，我應該做什麼？第三，我可以希望什麼？第四，人是什麼？這四句皆是由德文翻譯而來，但是，即使是翻譯的，也不能記錯它的微妙區別。第一，「能夠」知道什麼？在提到「知道」時，要用「能夠」。第二，「應該」做什麼？就行為實踐來說，要用「應該」。第三，希望的話，要用「可以」，意思是指「被允許」，不是先天具有的能力，也不是道德上可選擇的「應該」。以上三個問題皆須歸結到「人是什麼？」這四個問題是連貫的。

「我能夠知道什麼」代表人的理智、知性；「我應該做什麼？」代表人的意志，牽涉到的是道德而非知識；「我可以希望什麼」則牽扯到人的感受、情感，屬於美學範圍。知、情、意三者兼顧後，回歸的基礎仍是「到底什麼是人？」即人性是什麼？這四個問題連貫起來，構成一個整體。我們可以發現，康德這位偉大的哲學家，對許多問題的研究不會斤斤計較於細節，而是將所有問題歸至一處。不先弄清若人性本善該如何，若人性本惡又該如何，而光是在社會上建立制度，在政治上好好努力，並不能讓一個人達到真正的幸福，因為這一切往往在枝微末節上打轉。

哲學的意圖是要直接探索根源，要養成思考的習慣，碰到任何問題時，先掌握住癥結與關鍵。所以，平常我們討論到哲學時，幾乎三五個問題之後，就能帶入你對人性的看法。很多時候，我們與他人的爭議皆來自雙方對人性的看法不同。你若傾向認為這社會需要嚴刑峻罰，那代表你認同人性本惡之說。也有人認為這個社會需要宗教、教育，因為他相信人性是可以重塑、改造的。此外，有人強調環境，但因環境是外在的，同一環境中甚至同一家庭中成長的孩子，都會有所不同。所以與其強調環境，不如著重思考人性內在的本質，這才是關鍵的問題。

有一次，我去演講，內容是儒家的「人性向善論」。當天擔任主持的一位主任聽完之後，提出一些問題並發表了二十分鐘的看法，好學不倦的精神和熱忱令人感佩。他說，他學的是特殊教育，他認為人性不是向善的，人性受環境影響。這說明他研究人性只能到這個層次——受環境影響。那麼，歹竹出好筍，又當怎麼說？貧困、落後的地方依然人才輩出，又該怎麼說？環境的決定何以這麼大？我們不能否認環境有一些影響，但不是絕對性的，我們不能說人性是可塑的，像河流一般，決之於東則東流、決之於西則西流。基本上，這位先生認為環境很重要，所以需要制度，這是沒有問題的，因此他當教育部門官員可以勝任，然而他不能當哲學家也是毋庸置疑的。

我舉這個個案的目的，在於對照問題的重要性。否則我們在讀哲學時，常會覺得某些問題與自己不相干，又何必弄得這麼複雜，好像只要把自己生活周遭的人、事、物處理好，我一樣可以過得很愉快。其實你現在所謂的處理好，不過是想找到某種方法、技巧來解決事情的態度。但是不要忘記，屬於人的問題，永遠不可能「解決」。基本上，人的問題不是一個問題，而是一個奧祕。

前面提到，我能夠知道什麼，你這樣自問時，最後會發現我不能知道的東西很多，凡是本體皆不得知。我們能不能知道自我呢？不能。如此一來，你更不可能知道別人的自我，這實在是令人沮喪的事。雖然你不知道自我，但你要不要去行動？當你行動時，是否好像你知道自我一樣？在此請注意「好像」二字。當你行動時，你是不是如此行動，好像你知道自我是一個整體一樣，好像你知道自我有什麼內涵一樣。

所以，「好像」二字非常重要，康德的哲學後來被人稱為「宛如哲學」，就是 as if，德文則是 als ob。當你行動時，宛如、好像你知道自我一樣，不但如此，你還宛如、好像知道別人的自我一樣，否則你如何能行動呢？在此所謂的「行動」，包括主體的所有表現。例如，我答應你們後天一定來上課，然而，誰答應了誰呢？不知道有自我，我又怎能說「我」答應誰呢？而我答應了你，你連自我都不知道，我又怎能知道？那麼，誰在跟誰說話呢？又為什麼要遵守約定呢？人類的行為就有這樣的特色，你雖不能確知，但行動時卻「宛如」你已經知道，若再問是否真的知道，你又不能知道了。這是一個很重要的轉捩點。因為，如果你只停留在不可知，那麼這個世界就變成虛無主義的世界——一切都是可以懷疑的、甚至都是虛無的；但是沒有人是活在虛無的世界中。即使他再怎麼不相信任何真理，在和別人說話或行動時，他照樣表現得「宛如」他相信、知道一般。這就是從「知」跨入「行」的關鍵，跨入「道德實踐」的關鍵。所有的行動都有道德含義，因為行動本身就暗示了你已肯定本體的存在。換言之，我的行動預設了我好像知道自我存在一樣，在這個意義上來說，自我才有特定的活動範圍，才有自由選擇的可能。康德的思想在此展現了精采的一面。

實踐理性的要求

為什麼有「純粹理性」與「實踐理性」這兩個說法？實際上，並非人有兩個理性，而是只有一個理性。純粹理性指的是，理性本身在純粹的情況下所表現的作用；實踐理性則是理性在實踐時所表現的作用。這是一個理性的兩種表現，一面是就理性本身來看，一面是就理性做為實踐的動力來看。為什麼要就兩面來看？因為人是可以「知」、可以「行」的。小孩子雖不知道，卻仍照樣行動，雖不知規矩，他仍要去做，好像有某種力量在推動一樣；所謂的不知道規矩，只不過是他的規矩還沒有系統，或是他的規矩與大人的不同，但他有時對某些原則的掌握比大人還堅定，只是不知為何要這麼做。

分析純粹理性的內容，有四個層次，其中感性有先天的時間與空間，知性有先天的十二範疇，這些雖然都很複雜，但要說明的只有一點，譬如，當一個人說：「這是一頭牛」，他就已經透過剛才這些複雜的過程，做出理性、知識的表現了。它可以是個明確的判斷，我們也都可以接受這是一個認識、知識。以此為基礎，你如何從知的世界進入行的世界，讓實踐有個基礎？因為更重要的不是你知道了什麼，而是你該怎麼做。一個人可以完全沒有知識，但他依然需要行動，那麼，他如何知道他要做什麼呢？

有些事是不相干的，可做可不做，做與不做差別不大；有些事的結果則出現道德判斷。每個人都有後悔的經驗，也都有肯定自己很誠實的經驗，這些叫作「道德行為」。道德行為的普遍存在是沒有問題的。我們不妨設想，有沒有人一生中都沒有過道德行為呢？不可能，人活在世上只有生存行為而沒有道德行為是不可思議的，因為人可以選擇，可以有心去做一些事，這些事的好或壞就是道德行為。所以，道德行為的存在是不能否定、懷疑的。所謂道德行為是指，只要我做的是善，則心中快樂，做的是惡，則心生不安；就這點來說，首先要肯定人是自由的。任何行為的好或壞，都須出於自由意志，不是自由去做的話，根本談不上道德問題，行動者只不過是個機械，是達成別人目的的手段而已。所以，道德行為的前提應是——我是自由的。如果沒有自由，你何必為自己做的事感到後悔或是感到得意？

自由是不能被證明的。但是，透過對良心的反省卻可發現，當我做了一些違背道德法則的行為時，我即使找些因果關係當作藉口，「罪惡感」依然揮之不去。只要有這種感受，就表示我的行為是自己的選擇，因此必須為其後果負責。

假如沒有自由的行為表現，也就沒有為善必得肯定、鼓勵，為惡必遭批評、檢討；如果你有自由，就必須為你自由的行為負責，有自由必有責任。前面提過，被強迫的行為不具道德意義，自由的行為才有道德意義。所謂「有道德意義」絕不是一句空話，絕不是自由做了一件好事，很值得稱讚而已。

「值得稱讚」本身就是對一個行為結果負責的態度。然而，我們通常談到的負責大多是負面的，其實任何人只要做了一件事，不論善或惡皆須負責；為善負責是指有功必須受肯定，為惡負責則是須受懲罰。既然要為善惡負責，就須有相稱的報應，因此我們就有對正義、公平的要求；倘若一個人沒做什麼壞事卻受到可怕的報應，我們一定替他大抱不平；相反，對做了壞事而未受懲罰的人，我們也會不以為然。

靈魂不死

總之，我們在此要說明的是，人有自由。人有自由之後，就得為他的行為負責，負責包括為善有賞、行惡有罰。其實人的一生中有許多的善惡行為表現，最後要問的是，如何才是公平的。例如，我現在已經老邁，就快離開人世了，回顧一生的發展，發現自己做了很多好事，也做了不少壞事，但誰來為我作最後的裁判呢？好人苦一輩子的多得是，顏淵「一簞食、一瓢飲，在陋巷，人不堪其憂」。那麼他的「不改其樂」不是很有問題嗎？就道德行為的意義來說，人的靈魂「必須」不朽，亦即人死後靈魂必須不死，否則他所要求的正義不可能實現。社會的變遷中，多少好人被冤枉而死不瞑目？多少為非作歹的人仍過得很得意而安享天年？哪裡有正義呢？因此，如果我們認為人死後沒有靈魂存在，大家同歸於盡，那麼，為什麼人要行善呢？這樣一來，做壞事豈不是變成一種技巧、聰明、能幹，做好事則是愚蠢、懦弱了！

現在就這方面再來思考一次。人是自由的，所以才有道德行為，真有道德行為，他才是真正自由的。進一步發展下去，若人真的有自由，他就必須為他的行為負責，且他一生中的作為都要有適當的報應。但是他的生命有限，在他有生之年，不可能讓報應充分實現，並且我們也看到世間很多人都沒有充分實現報應，因此他的靈魂必須在死後繼續存在，以便使他這一生中所做的善惡，得到完全的報應。在此請注意，若要否定這一點，你必須先否定第一點，也就是堅持沒有自由。

換言之，靈魂不朽也不能在知識上獲得證明。知識只能指出「靈魂不朽並非邏輯上不可能的」。因為靈魂不朽這個觀念乃是不可分割地與道德法則相連接，亦即它必須被設定。在長遠的考慮下，否定了靈魂不朽，終將會使道德法則自身也被否定。俄國文豪杜思妥也夫斯基（F. Dostoevsky, 1821-1881）在小說中經常設問：「如果靈魂隨著身體死亡而消失，那麼，人為何要有道德？」他以小說情節表達了康德思想的這一重點。

上帝存在

再繼續推論，靈魂不死又有什麼用呢？好人的靈魂依然畏懼壞人的靈魂，這不是更不公平？所以人死之後，靈魂就需要一個全能而公正的裁判——上帝。這裡所謂的上帝，是使善惡報應得以圓滿實現的裁判者。一個人在世上有德必有福，這是相應的。「德福一致」代表人生的圓滿；但是在世間的德與福往往不一致，有德的人沒有福，有福的人沒有德，這實在無法讓人心平氣和地看待。德福一致的圓滿目標，必須讓一個人的靈魂在死後繼續存在，同時必須讓一個最公平的上帝來保證德福一致可以實現。這一系列推論的力量很強。

前面提到的不可知——上帝不可知、自我不可知，那麼為什麼最後上帝又出現了？這無非是康德把這扇門關閉，另外再開一扇窗，他把以前對上帝的證明一一否定，再由道德實踐的要求去肯定上帝。以前許多哲學家曾試圖證明上帝的存在。譬如，在海邊散步時撿到一顆貝殼，你一定會說：「哇！大海真是了不起，長出這麼一個漂亮的貝殼。」如果你撿到一支手錶，絕不會說：「這海真了不起，讓我撿到一支手錶。」貝殼是自然生長的有機體，手錶卻是人造的。同樣，這世界究竟比較像貝殼還是像手錶？好像比較像手錶。晚上抬頭看星空，你會驚歎星羅棋布的奧祕與四季更替的分明，這世界彷如精準的手錶一般。然而貝殼由海而生，手錶一定有人造，那麼世界是誰造的？上帝造的。

由此可見，以前的哲學家費盡心思證明上帝存在，但是這些都被康德推翻了。推翻之後，他把上帝從知的世界拉到行的世界，亦即從知識的世界拉到道德實踐的世界。當一個人從事道德實踐時，他才需要上帝。那麼，佛教徒又該如何？他們有輪迴之說，輪迴似乎比較公平，委屈而死的好人下輩子還可以投胎到好的人家。但輪迴亦有其困難，假使我們是別人輪迴的今生，為何我們不知前世是誰、做了什麼事呢？若有輪迴變成今生的我，那麼我的成就一半得歸功於前世的我，若是愚笨也有一半要歸咎於前世的我。這雖然有其困難，輪迴仍是為了解決德福一致的問題。宗教家的用心良苦，由此可見一斑。

康德哲學中所謂的上帝，與《聖經》中的上帝並不完全一樣，他成了一個實踐上的要求。依康德的立場推論，除了假定有一上帝存在之外，我們無法想像德福一致或完滿的善（圓善）真有實現的可能。因此，即使道德法則並未直接告訴人要信仰上帝，但它卻是建立在此一信念之上。

以人為目的，不以人為手段

一個人活在世上，既然有自由，則代表他有自由的意志。意志是什麼？意志本身可以有善意（Good will），這也是一個人最可貴的地方；任何行為皆從意志出發，有善的意志即可產生善的行為。進一步說，每一個人皆可以有善意，亦即理性可以讓他的意志以善為唯一考慮。每個人的行為本身就具有目的性。我在走路時有我的目的性，雖然是因老闆要我去拿公文，我似乎成了老闆的傳遞機器，但是不要忘了，每一個人本身都可做為主體，因為他有理性，理性有能力使他去抉擇，所以人應該做為目的而不應做為手段。這是很重要的想法。且有人類以來，社會上分工合作，久而久之，有人會在大環境中身不由己，不能控制自己往哪裡走，以致成了工具、手段，只為了達成別人或社會整體的目的。

但康德特別強調，沒有人應該做為手段，每一個人都應該做為目的，因為每一個人都可以抉擇、思考、反省。這並不表示我們要革命，人人都要做老闆，而是當老闆要你去做某事時，你要知道你做這件事不是因為老闆的要求，而是你基於職務上的需要自願去做的，這麼想不是比較愉快嗎？例如，每天早上八點我得到學校上課，這是被決定的，不去會被開除；若你並非自願去上課的話，一定覺得十分委屈。但是你可以換個方式思考，既然教書是我選擇的職業，而這項職業的要求就是我必須準時去上課，這是經過我的選擇而做的決定，如此一來，我以自我做為目的的角色自然比較明顯。康德主張要尊重人性，不把別人當手段去利用別人，而應該把別人當目的。能不能做到呢？很不容易。理髮師幫我理髮時，我把他當成手段，他是使我的頭髮被理好的工具，我何必在乎他是誰，會有什麼喜怒哀樂？會有什麼志向與抱負呢？反正我三個月見他一次，三個月中發生許多事，但全與我不相干。

這種想法是很有問題的，我們不把別人當手段來利用時，又該怎麼想？第一，他自己應該把自己當目的，理髮師為人理髮時，要想著：這是我的工作，是我生命意義的所在，我要藉此維持我的生活。他理髮，與我去學校教書，意義是一樣的。第二，不把別人當手段而當目的，只不過是表示尊重而已。所以，康德強調理性是人類最寶貴的資產，有了理性，人的世界開展出來後，就成為一個透過選擇而可以肯定價值的世界。每個人都有他應該負責的生命，他的理性可以為自己設定行為的法律。

當然，康德並不否認在現實生活中，大家分工合作難免會有互相利用的情形出現。他所強調的毋寧是：不可把一個人「僅僅」看成工具來利用，不可把他當成除了被我主觀利用的手段外，自身便沒有任何價值一般。因此，君王發動侵略性的戰爭，是利用士卒以達成個人野心，這是不當的作為。同理，自殺也是把自己的生命當成工具，意圖逃避現實生活的困境。這些都是值得批判的。

道德自律性

道德實踐有兩種方式：當父母要一個小孩好好聽話時，小孩因為父母要他聽話會感到有壓力、害怕，心想：如果我不聽話，爸媽可能不給我零用錢，說不定還會打我。這是以威脅造成孩子的順從，這種聽話、守規矩，叫作「他律」。什麼又是「自律」呢？當小孩漸漸長大，覺得自己並非害怕父母的懲罰，而是自己體認到要做一個好孩子、應該守規矩，這叫作「自律」。教育的目的不外乎是讓孩子從「他律」變成「自律」，唯有轉成「自律」，一個人才能真正成為獨立的人。

再舉一個例子，晚上開車遇到紅燈時，先看看有沒有警察，沒有的話就闖紅燈，這是他律；自律則是，不論有沒有警察，我認為該怎麼做就給自己規定好。這種自律的精神是比較偉大的，因為它完全不看條件；無論在任何時間、任何場合都如此，因為它從內而發，是基於獨立的人格，是真正理性的表現。自律的最高境界，可以媲美聖人孔子了，孔子晚年曾說：「七十而從心所欲，不逾矩。」從心所欲就是自然的要求，不逾矩就是符合應該的原則。人生的最高境界就在於：「自然等於應該，應該等於自然。」我們可以自我反省一下，凡是我們自然去做的事，大都是不應該的；凡是我們應該做的事，大都做得不自然。假設有一個人，他自然而然做的事都是應該做的，他做應該做的事一點也不勉強。要他掃地、收垃圾，他做起來毫不勉強而且很愉快，好像在享受這個工作。反觀另一個人，或許會視慢跑、跳韻律舞為享受。這些是自律的表現。

如何達到自律的境界？基本上需要有自覺。覺悟到與其一天到晚去考慮誰來管我、有沒有人看到，還不如自己想清楚該不該做，該做就去做，不該做就不去做，這樣一來，你就會向內而不向外去負責。向內負責對自我的瞭解與肯定的程度，絕對超過向外的表現。康德宣稱：「我應該，所以我能夠。」與這句話相對的，是古希臘荷馬時代的名言：「我能夠，所以我應該。」能夠就是應該，顯現了強權就是公理。我把別人打敗了，代表我是對的，我應該把他打倒，否則為什麼不是別人將我打敗？這是很可怕的想法。今日社會中有許多弱勢團體，如果你認為能夠就是應該，又有誰來照顧他們？人人認為他們是弱勢的一方，沒有能力，而自己有能力就要儘早發揮，以致金權政治一步步發展，最後既得利益階級越來越厲害，少數人壟斷大多數人的資產，這無疑是野蠻的思想教育——能夠就是應該，這也是人性弱點的表現。

然而，在強調道德自律性時，也不該過分誇大其詞。理性固然為自己立法，但是人活在社會中，如何可能逃開一切既定的規範？有多少人在從事道德行為時，可以單單只考慮「該不該」？個人的自以為是，有時與社會觀念產生嚴重衝突，甚至傷害了公義而不自知。這也是常見的現象。因此，我們認為：真正的自由必來自自律，亦即有自律才有自由，有自由才有道德，但是自律並不必然排斥他律。譬如，我主動孝順父母，這與社會及父母對我的期許並無衝突，因此我不必單就個人動機去判斷，也必須兼顧他律的要求。康德所強調的，毋寧是善意與自覺，以及主動地行善。

理性為自己立法

康德為什麼說「我應該，所以我能夠」呢？因為我自認應該的，是我給自己規定的，亦即「理性為自己立法」，立了法之後，就代表我認為這是自己應該做的，並且一定是我能做到的。但是這必須放在道德範圍中來看。也就是說，我「應該」講信用，代表的是我「能夠」講信用；如果你不講信用，是不為也，而非不能也。倘若你說：「我應該孝順，但我做不到。」這是藉口，只要你認為自己應該孝順，你絕對做得到。

所以，能夠是隨著應該而來的，因為這個應該是內在給自己立的法，在自己的能力範圍裡，你一定是瞭解了整個情況，然後告訴自己應該做什麼。能不能做到是一種潛力、能力的表現，在還沒做以前，你往往認為自己做不到，一旦去做了，才會發覺自己有無窮的潛力。子曰：「有能一日用其力於仁矣乎？我未見力不足者。」意即：有誰能夠哪一天全力去實踐仁道呢？我沒有見過誰是力量不夠的。由此可見孔子和康德思想的相似之處。只要你發現了人生的正途，知道自己應該去做某些事，你一定有能力做到。中國古代與西方的聖哲真是所見略同。

人生實踐

自然與自由

在人生實踐方面，我們歸納康德的思想，得到以下幾點：康德把存在的領域分成兩個世界：一是自然的世界，二是自由的世界。我們羨慕大自然，但是不要忘了，它是有規律的，有規律就有必然性，無法改變，所以自然等於必然；自然界因受規律所限而不能有任何突變。然而，有沒有一個自由的世界？有的，那就是人的理性、人的心靈。那麼，何者重要呢？兩者應該是並存的。如果沒有自然的世界，我們將在哪裡活動？假設沒有活動、沒有一個自由的世界，自然世界的存在又有何意義？在此為什麼要問「有何意義」呢？因為自然世界本身還談不上意義的問題，有選擇才有意義，一個碗的意義必須在我選擇了它之後才成立，倘若它放置於路邊就毫無意義可言。唯有人的自由才能使意義呈現出來。

人的自由世界又是怎樣的情況？人有兩部分：一是身體，一是心靈。身體屬於自然界，與其他動物一樣，受地心引力控制，餓了便需要進食，這是必然的一面。但是，人的生命還有自由的一面，就是心靈的行動與抉擇。這種二分法有很大的發揮餘地，人的身體雖受限制，心靈卻是不受限制的。一個人如何瞭解自己？他首先應該思考：「什麼是我必須接受的困境？」譬如，身體生病是一回事，心靈仍是可以自由運作的，把兩者區分之後，再加以統合，可以使一個人更能看清楚他的人生目標。

人生的目標絕不在於活得很久，而是在於讓心靈可以選擇他認為有價值的東西。畢竟身體屬於世界，最終免不了要衰老、消失；心靈卻不同，它屬於另一個世界——將來會靈魂不死，並且必須為自己的道德行為負責。把這兩個世界區分清楚，就會知道如何在有限的世界裡，掌握心靈的無限性。康德死後在墓碑上留有兩句話：「在我頭上是眾星之天空，在我心中是道德的法則。」眾星之天空指的是不能改變的必然的世界，然而，每個人生來心中皆有道德的法則，此一法則是由自己立法之後得到自由抉擇的依據。這裡的自由並非無所拘束，而是說它所根據的法則是自己定的。我現在去做一件事，且認為是出於自由意願去做的，我就不受外力強迫也不受別人影響，而是我覺得應該做的就去做。

談到自由時，必須注意一點，就是它與法則的相容性，完全在於法則由誰而來、是誰所定？若由自己所定，雖然根據法則行事似乎有所限制，他因為限制在己、不在他，此即自律。康德的墓誌銘實在很有深意，也把他一生掌握的哲學思想做了最佳的總結。康德故居在普魯士東北角的科尼斯堡（現已劃入波蘭），他的祖先是蘇格蘭人，他一輩子都沒有離開過科尼斯堡，也沒有結婚。他終其一生單身是因為第一次有機會時尚未開口，對方就搬走了，第二次有機會時又太晚開口，對方已嫁給別人。康德的生活極有規律，每天定時教書、寫作，下午略事休息後，三點半一定出門散步，久而久之，城裡的人只要見他出門散步就可知道正確的時間。

德國人的生活嚴謹是大家熟知的。他們的生活步調有如機械般劃分得非常清楚。其實，外在的世界本來就應該有規律。我們不妨作以下的思考：倘若我們的起居作息很有規律，是否也會覺得生活較有秩序？而且在運用自由時感覺到較大的運作彈性？這時，由靜到動，突破規律限制的力量會更大。

康德直到八十歲，每日下午三點半不間斷地維持著散步的習慣，唯一一次例外是在他收到盧梭的著作《愛彌兒》時。這是本探討幼稚教育的書，其中談到的「愛」令康德非常驚訝。盧梭是位有名的自然論者，自然論肯定自然的一切是最好的，傾向於無神論，而康德極想知道一個主張無神論的人怎麼去討論「愛」。愛是辛苦的，需要付出與犧牲，為了發現一個人如何主張愛而不去談神的問題，使得他那天下午忘了出門。人生有很多行為是不能構成畫面的，康德這數十年如一日的行為卻足以構成畫面。有恆最重要，一個人的恆心可以使生命在脆弱的發展過程中、在時間變化的折磨下，顯示一種定性，讓自己的生命在變化裡還能肯定一點真實的部分。

在現實人生方面，康德認為人不可能逃避痛苦，也不應當逃避痛苦。因為痛苦是行動的激素，「在痛苦中，我們首次覺察到自己的生命，沒有了它就會了無生氣」。一切社會生活皆是如此，痛苦使人發揮潛力。「沒有它，人類一切優異的天性都將永遠潛伏而不得發展。人渴望和諧，但『自然』知道何者對人類更善：自然渴望不和諧。人希望安逸生活，但自然卻要把人從沉睡和消極的滿足中搖醒，使他進入勞苦之中」。這種人生觀是平實的。

康德在五十七歲時才出版第一本代表作，他嶄露頭角後，對哲學界影響很大，從此要研究哲學的人，不能不懂德文，幾乎可以說，離開康德就很難談哲學了。康德之後，德國哲學家紛紛冒出頭，費希特、謝林、黑格爾，以至叔本華、尼采……皆出自德語系國家，都是由康德的思想力量所啟導，所以當時有一句話說：「上帝把陸地賜給法國，把海洋賜給英國，但是把思想的天空賜給了德國。」思想的天空是無限的，思想的力量來自深刻、透澈，康德如果只寫《第一批判》，別人只會把它當作是分析知識的結構、理性的能力而已，但是他的作品一部部下來，構成完整的系統，如果你想瞭解實在界（Reality——真實的世界），便不能忽略康德，至少要先知道他是怎麼說的，然後才能說：「我和他說的不大一樣。」

我們介紹的這些哲學家，往往讓人覺得他們每個人都很難對付，很難把他們綜合起來，各取其所長，再集其大成。甚至，我們的心靈隨著各家學說的發展，也會感到有些茫然。這是難免的，同時是成長的必經過程。那麼，理性與宗教能不能協調呢？為什麼特別提出這一點？因為啟蒙運動時，所有的人幾乎都不喜歡宗教。什麼是「啟蒙」，亦即理性出現光明；宗教講的是「啟示」，一般人較難接受，於是衍生了一股反宗教的浪潮。但對康德來說，他認為宗教有宗教的意義，不能用理性把所有事件壟斷，因此宗教信仰自有其重要性，不能忽略。基於這一點，他要重新讓理性與宗教協調，如何協調？有一個簡單的概念——我要肯定道德要求與神的要求是一致的，也就是肯定道德要求就是神的要求。

理性與宗教

那麼，道德要求難道不是理性給自己立法所界定出來的嗎？神和人的理性有什麼關係？由於人的理性是神造的，所以人在人的理性範圍之內，所能為自己立法去實踐道德的，一定符合神的要求。這個想法和以往的不同。以前的想法是，信仰使人得救，要看神要人做什麼，不要問自己要做什麼。現在如果還是這樣講而不問自己要做什麼，就會變成一種盲目的信仰。我們要的是理性的信仰，要清楚地知道自己認為什麼該做，什麼是我的道德要求；這個道德要求必須和神的要求連在一起。如此一來，假使這件事是我認為該做的，是不是就符合神的意思？或者說，一件事情符合神的意思，就是我該做的，這兩者孰是孰非呢？

康德認為，若一個人的良知非常清楚什麼是他該做的，且認真去做，就是符合宗教的要求；宗教怎會要求你去做違背良知的事呢？神既然造了我這樣的人、具有這樣的理性，那麼我怎麼可能以理性認真去立法後，又違背神的意思呢？所以，這是一種理性主義的宗教觀，也就是說，我的理性來自於神，因此根據理性所實踐的道德應該也符合神的意思；神的意思有時難以捉摸，與其如此，還不如去探討我的理性要我做什麼，如此就把宗教信仰與個人內心的要求結合起來了。然而，真正的信徒不太喜歡這麼做，因為一旦以理性為自己立法，很容易衍生成自由心證。

舉例而言，康德說：「我做任何事情時，都要好像這件事對全人類都是應該做的我才做。」說得準確一些，是：「你當如此行動，使得你的意志之標準在任何情況下，同時可做為一個普遍律則的原則而生效。」假使我碰到一個體型比我瘦小的人，我因為心情不佳就把他打了一頓，這樣應不應該？我必須先看所有的人在我這種情況下會不會也這麼做。顯然不會，很多人是不願欺負弱小的。當然，這還要考慮到自己的資訊來源，萬一自己所處的狹小社會中，人人皆以為可以這麼做，便會導致自己一廂情願地以為可以如此去做，姑且不問實際上參考的資料有多少，我們要問的是這種思考模式的問題何在？一旦認為自己「自反而縮，雖千萬人吾往矣」，彷彿認定自己代表了正義，藉此達成自己的目的，這是偏差的用法。只要有任何現實上的彈性，如用別的方法一樣可以達到此一目的時，我的做法就不應該是絕對的。

在採取這種做法時，我們也可以參考孟子的說法，孟子曾說：像孔子這樣的人，教他做一件不該做的事，要他殺一個無辜的人，即使給他天下，他也不要。只以別人為目的，而不以別人為手段，這是儒家思想的精神所在，所以有人說，康德是「住在科尼斯堡的中國人」，因為他思想的基調（keynote）與中國人的道德自我要求、浩然之氣的培養十分接近，不是只把自己當作一個為了自己而生活發展的，而是體認到人類都是互通的，自我的行為並不只代表自己，而是所有理性的人都可以這麼做，如此就把個人思想提升到了人類的層面。

美是道德善的象徵

在從事道德上的善行為時，人好像知道本體一樣。如前所述，實踐道德行為，就必須好像瞭解什麼是自我一樣。只講究知識，永遠不能知道自我本身。我答應你明天一定會來，「我」答應你，好像我知道有「我」一樣，其實我不知道，但是就道德行為而言，「我」答應你則一定要做到，它是直接指向本體世界的。什麼是「美」呢？在康德來說，「美」是無目的的目的性。我們為什麼會覺得一幅畫很美呢？第一，我們不會想透過一幅畫來知道歷史知識（它不是求知）。第二，我們不會因為一幅畫而激起食欲（它不是欲望）。何謂藝術？亦即欣賞之時既沒有增加知識，也沒有引發欲望，它純粹沒有任何目的；然而，它又是合乎目的的，那就是「恰到好處」，非常自然。藝術本來是人為的，但它讓人感覺非常自然，這就是美——無目的的目的性。「無目的」是說，本來不存什麼目的；「目的性」則是說，它正好符合某種目的；詩人陸游說：「文章本天成，妙手偶得之。」偶然使一件東西恰到好處就是美。

美與道德善又有什麼關係？因為美也是一種讓人可以抵達到本體的媒介。道德善使人在行動時有如肯定本體，美雖無目的但有目的性，目的性本身則和本體有關，這雖然有些玄，但我們可以發現，在康德思想中，他把美的地位抬得很高，他要聯繫兩個世界，一是自然的世界，可以去追求知識，但一定有所限制；一是自由的世界，可以靠意志使道德行動有意義。這兩個世界常是分裂的，這時要靠美、靠人的感受把它連接起來，這是方法之一。

西方思想中，「二元論」最為明顯，不是上下二元，就是內外二元，最後連內在的心智、求知、意志、實踐、行動……也要二元，不都成了分裂的世界、分裂的自我了嗎？於是只好透過審美情操的培養，席勒（Schiller）就強調：「只有透過審美情操的培養，才能使一個人成為完整的人。」哲學在理性之外，同時要注意到意志，因為實踐理性是專門就意志能力來說，如果意志不介入，又如何能行動？靠「知」不能帶來行動，所以，康德以後「意志」（Will）這概念開始受到重視，尼采的「The will to power」就是一例。在瞭解了康德之後，往後的哲學會有怎麼樣的發展，我們已經可以預作想像了。當然，後人繼續發展他的思想，其精采也是可以預期的。

對於人類的生活，康德的觀察或許有些悲觀。卡西勒（E. Cassirer）在《盧梭、康德與歌德》一書中指出下述資料，值得參考。譬如，他對「快樂」採取全然放棄的態度，他曾宣稱：「生活中若想獲得滿足是不可能的；即使有所謂滿足，我們也不應當期望，因為那意味著停滯，意味著一切活動的停頓。」但康德同樣不認為過度精美的文明可以為人生提供意義。

他在年輕時曾對美術與社交有所讚賞，但是隨著年齡的增長，他連這些也捨棄了。談到生命的價值，我們只能聽到嚴格的倫理要求。他說：「一個正直的人，豈不是應該以他自己來維繫人類的尊嚴？……人的安慰不在於快樂，甚至完全不在於快樂，因為沒有人應該期望快樂，甚至連生命亦在所不計。……他之所以活下去，是因為他有義務感，而不是因為他對生命有一點點喜好。……義務與快樂是不相干的，它有它自己的法則，也有自己的裁判所。不論我們如何想把義務與快樂摻合在一起，以便治療精神的病痛，它們兩者總是立即分開，否則義務就無法運作。兩者若是摻和，形體生活即使可以獲得某些力量，精神生活也將必然傾頹。」這一段話充分顯示了康德「嚴格主義」的立場。我們在人生征途上追求快樂時，想到康德這段話，是否可以得到一些警惕或啟發？

3

席勒

J. C. F. Schiller

1759-1805

「人在遊戲時，才完全是人。」

——席勒

席勒說：「人在遊戲時，才完全是人。」

人只有在遊戲的時候，擺脫了種種內在的規定，他才具有真正自由的整體性。所謂「真正的人」代表的是，他完全不受外物的限制。人一有目的，就受控制，目的在外的話，控制更大；目的在內的話，則自我便壓制了某些情緒方面的表現，只讓那個為達到目的所需要的條件去運作，限制於焉產生。假若是沒有目的的遊戲，單純為遊戲而遊戲，便可以產生解脫之感。

引言

時代背景

德國美學家席勒幼年時，常聽母親講述宗教詩歌與聖經故事，這對於他後來的詩歌創作頗有啟發性。小學階段他就對劇場很有興趣，十三歲時學習醫學、神學與法律，但是心不在焉，私下卻用心閱讀狂飆運動文人的作品，對歌德與盧梭的思想深有共鳴。十八歲時構思《強盜》

劇本，二十歲時首次公演，一舉轟動德國各地。《強盜》一劇的內容是：德國的封建獨裁統治已經腐敗落後了，必須靠鐵和火才能改革，只有自由的氛圍，才能造就個人的發展機會。這一劇本在法國也有深遠的影響，以至法國大革命時期的巴黎國民議會特地授予席勒「公民榮譽證書」。一七八四年席勒以《陰謀與愛情》一劇，暴露出兩個敵對階級的根本矛盾，引起年輕一代的回應。

席勒的經濟狀況一向困窘，但是仍然堅持人道主義自由精神，以之為創作的主調。他的名詩《歡樂頌》號召人類團結友愛，希望四海之內都成為兄弟，全詩充滿了英勇豪放的樂觀主義精神。這首詩打動了貝多芬，由此創作了第九交響曲，顯示了藝術的高度魅力。一七八八年，康德的《實踐理性批判》問世，這是席勒受康德哲學影響的契機；同年九月十八日，他與歌德初次見面，這是德國古典文學史上的大事因緣。

嚴格說來，席勒不能算是一位系統性的哲學家，那麼為什麼要介紹他呢？因為哲學的範圍極廣，一般人較為側重知識論、形上學，較少涉及美學、宗教哲學、倫理學之類應用的層面，但是要談哲學，像美學這樣的領域，也應該兼顧。

席勒是與康德同一時代的人，但比康德晚生三十五年。他的壽命較短，只活了四十六歲，原因或許是年輕時太過貧窮、困苦，受到很多折磨，以致生病而死。他的時代背景與康德類似，如在十八世紀的德國（當時尚稱為普魯士），受啟蒙運動的影響，這個影響表現為德國知識份子對於自身意義的認同追尋。在近代歐洲，德國的發展比法國、英國要慢，長久以來受到壓抑與排斥，連帶的是國力也不足以自保。譬如，法國在拿破崙統治期間佔領了德國，這是一個歷史事實，約在一八一〇年前後。席勒過世在一八〇五年，康德過世則在一八〇四年。在席勒、康德生活的年代，法國的勢力很大，英國四面環海，自成一個世界；德國則在法國的鐵蹄下掙扎，試圖找尋德國民族到底有什麼屬於自己的特色？就在法國佔領德國期間，另一位德國哲學家費希特（Johann Gottlieb Fichte, 1762-1814）呼籲國人要提振志節，其中提到：「上帝把海洋給了英國，把陸地給了法國，但是卻把思想的天空留給了德國。」德國後來果然在哲學、文學、藝術各方面都有傑出的表現，一個民族的特色不能只從科技或經濟的發展中去尋求。

科技方面看來，人類的差異不易保存，以都市建築而言，大都市都差不多，從有形的具體表現觀察，大多是同質性的，沒有什麼特色。所以，德國在尋找自己民族的未來時，便指向文學、藝術的創作、文化的全面開展，在這個時期，德國出現了席勒，而文學的代表還有誰呢？當然是歌德（Johann Wolfgang von Goethe, 1749-1832）了。歌德比席勒年長十歲，歌德的才華幾乎是無人能及的，當時許多人看到歌德都會有自卑感，席勒也不例外。歌德的文章，渾然天成，從早期《少年維特的煩惱》到後期的《浮士德》，奠定了德國古典文學的基礎與風格。談到基礎與風格，除了文學技巧之外，最重要的是思想的深度，有了思想才能紮根。

席勒一生崇尚自由，三十歲時見識了法國大革命（一七八九年）。法國大革命帶來的結果震撼人心，因為當時法國是歐洲的領袖國家，以革命推翻了君主專制，實現了啟蒙運動對平等、博愛、自由的要求。這些理想的口號，當時喊得震天價響，但是法國革命的結果卻帶來了殘酷的大屠殺，所以羅蘭夫人曾說：「自由自由，多少罪惡假汝之名以行之！」可見當時革命的結果，使人對於自己理性的信心重新受到嚴格的考驗，雖然推翻了專制，但是要求民主的手段過分激烈，從前喊著要寬容的人，現在卻拿著屠刀。我們以前談過的宗教改革，也有類似的情況出現。無怪乎席勒後來對理性感到深深的失望。他的時代背景，是正在啟蒙運動中的德國，當時需要文學上的天才，他與歌德即是代表人物。

思想背景

席勒與歌德初識時，交往的情形不太愉快，隔了幾年再度會面後，卻發現兩人十分投緣。他們有一段時間與另外幾個朋友，常在一起討論及構思寫作，在德國的威瑪形成一個社團，鼓動起文學狂飆運動。狂飆又稱突進，突進代表創作的衝力；狂飆，則是像風暴一樣，讓生命力盡情發揮，突破舊的束縛而開展出新的世界。

席勒曾把自己與歌德作比較，認為「歌德是直觀的天才，自己則屬於哲學家、推理人物之列。但是如果前者以純潔而忠實的感覺去尋找經驗，後者以主動的思考能力去尋找法則，那麼，兩者都會在半路相遇，並且將必然得到結合」。兩人交往十年之後，歌德對席勒的幫助，是使席勒的哲學思辨更貼近生活現實，並回到生動活潑的文學創作上來；而席勒對歌德的最大幫助，是以無比的熱情與深刻的見解促使歌德發揮才華。席勒去世後，歌德寫信給友人說：

「我認為失去的是我自己，現在我失去了一位朋友，同他一起也失去了我生命的一半。」

席勒是文學界的健將，而他對哲學的瞭解，主要是受到康德的啟發。當時席勒仔細閱讀及研究康德的著作，康德哲學裡有二元論的傾向，他的二元分別指的是理性認知與道德實踐，至於內在的二元，如理性與感性的分裂，則是傳統以來一直存在的問題。在康德這裡，卻是把知與行劃分為兩個世界，這種二分的觀念激使席勒想要去作調和。席勒的哲學思想，就在設法調和二元論，試圖把認知與道德聯繫在一起。認知使用的是知性，道德使用的是意志，此外還有什麼？有人的感受、情感。席勒的成就在於美學，美學就是探討情感的潛能所展現出來的作用與結果。依康德所講的，知是認知，代表知識；意是意志，代表道德，中間正是需要靠情感來連接，席勒即是針對情感這一點發揮才華。他希望對於人性的認識，能得到一個統合的、完整的結果，若是只按知行二面看人性，常會造成分裂。譬如，道德和認知哪個重要？我們常說道德比較重要，但若沒有知識的支持，如何有把握去行道德？但是光講認知，又無法肯定道德實踐。如何使二者結合，使人性不至於分裂，這是一大難題。

朱光潛先生對席勒與康德的關係，作了下述結論。他說：「康德在哲學上所揭示的自由批判的精神，他的本體與現象，理性與感性等對立範疇的區分，以及他把美聯繫到人的心理功能的自由活動和人的道德精神這些基本概念，都成為席勒美學的出發點。但是康德雖然把一些對立概念突出地揭示出來，卻未能達到真正的統一，而他從主觀唯心主義觀點去解決美學問題，都是席勒所深為不滿而力求糾正的。席勒並不是康德恭順的追隨者，他不但發揮了康德的一些觀點，而且在一定的程度上糾正了康德的主觀唯心主義。在德國古典美學的發展中，他做了康德與黑格爾之間的一個重要橋樑，他推進了由主觀唯心主義向客觀唯心主義的轉變。」

審美教育

西方的二元論有各種不同的形態。我們剛才提到的是康德的二分法，席勒後來針對人性內在結構的二分法，即感性與理性，也設法加以融合，企圖化解各種二元論對人性造成的困難，而他的做法就是美學。

所以，席勒的美學不是純粹的藝術審美觀，而是與人性的觀念非常接近的。人性要想得到整體的發展，就須配合他的美學觀念去思考。為了說明這一點，我們先簡單敘述西方傳統的美學思想。最早的時候，哲學家將美當作客觀的對象。譬如問：「美是什麼？」第一個答案是：美是和諧。和諧是指：這個美的對象，一定有數目或比例上的和諧，完全是一種客觀的標準，這是早期的想法。我們今天講和諧，常帶有主觀的色彩，在當時則是一種客觀標準。譬如，當時以為最美的是什麼？是球體或圓形的東西，這是受到古代數學的影響，因為數學裡的數目、圖形結構，很明顯都有一定的比例，形成秩序而顯得勻稱。在這種看法下，美是客觀的。

例如，亞里斯多德即認為「美」有三個條件：秩序、勻稱以及明確。有秩序，才不致一團混亂；勻稱，則是其本身的比例恰當；明確，即是表現出來的東西要清楚。人是一個主體，可以去觀察及欣賞美，而美則是在於對象。這種想法的要旨在於：第一，有一個客觀的、普遍的、永恆的東西，是為美，它是存在的。第二，這個東西，有其嚴格的形式與數學比例上的關係。第三，我們所見的個體，例如杯子，為什麼美呢？因為具體的杯子與那理想的杯子有點關係，所以美，亦即所有個體均在某一程度上分享了「美」本身。第四，要欣賞美，必須具備理性，不能依情緒隨意去審美。

如此一來，美變成一個客觀的形式，至於形式之下的內容，則與真、善有關。比如，聽一首歌，旋律悠揚，好像很美，但是一聽歌詞，卻很噁心，這就牽涉到善的問題。美是形式，善和真才是內容。但是，美真的只有在於形式上而已嗎？按此說法，則宇宙中許多東西都不是美的，但是根據經驗，我們卻要說：宇宙裡每一樣東西，只要存在，都可以成為審美的對象。若按前一種說法，則宇宙裡許多東西形式上有缺陷，所以不是美的，但一樣東西形式上被破壞了，仍然可以有它的特色，就像我們常說的「缺陷美」，而缺陷美也確實存在。譬如，一面鏡子破了一個角，看久了，習慣了，你覺得它是美的，看到其他完整的鏡子時，反而覺得不美了。試問這個美與不美，是誰在判斷？如果美有客觀的標準，人就不能隨意判斷，但美是純粹客觀的嗎？不見得。美顯然需要人有一種審美的心情與態度。譬如，一首曲子，你聽了覺得很美，我聽則不一定；一首曲子，我昨天聽覺得很美，今天聽呢？也不一定。為什麼？這牽涉到主體本身的欣賞態度與能力，既然牽涉到審美的主體，這個美就不能是完全客觀的。

此說有一好處，因為如果你把美當作客觀的，那麼人要欣賞美就必須具備某些條件。試問，一個文盲能不能欣賞美？他是文盲，並不知道客觀的形式是什麼，卻仍然可以欣賞美。如果美是客觀的，就牽涉到認知能力的問題，因為形式是認知的對象。於此可以發現：傳統以來「美是客觀的」這種主張，不能輕易成立，同時也要注意到欣賞主體本身所需具備的條件。在此，席勒提出了他的看法。他認為，一個人開始欣賞形式，而超越了實質的經驗領域，就走出動物的世界，開創了人的世界。動物只能看到具體的物質，離開具體物質，動物無法有抽象的能力。抽象，是把形式由個體中抽出，形式抽出時，才能普遍運用。例如，當我看到一頭牛時，重要的是它的形象，而不是它的重量等實質問題，唯有如此，我對「牛」才算認知，人也唯有在此時才脫離動物的世界。由此角度來看，美的客觀定義是可以肯定的。但是另一方面，凡存在之物，必有一定的秩序、勻稱、明確，每一樣東西存在，必有其本身個別的條件可以做為審美的對象，不必一定要先設定標準，而是見仁見智的。這樣又回到美主觀的一面。我們不能否定這一點，因為人有移情作用，會將自己的感情移注到對象上，「情人眼裡出西施」，就是移情作用的表現，如果沒有情感做為前提，缺乏特殊的欣賞角度，我們往往看不出對方有什麼特色，這就偏向主觀方面的條件了。

康德的美學有何特色？康德設法聯繫自然界與自由界，在探討「純粹理性」的部分時，他注意到人認知的局限。人的認知指向大自然，大自然是在自然律支配下的，一切都是必然的。要講自由，須轉向人性內在的道德世界。這兩個世界，一個是認知的對象，一個是道德的對象，兩者分裂了，需要統合。康德嘗試去統合這兩個世界時，提到人的情感，亦即感受（feeling）——我偏好用「感受」一詞，因為「情」字代表了主觀，「感受」則比較客觀。感受一方面是被動的，指我是被動地承受一些東西，只是將自己的感覺能力開放，讓這些東西進來；另一方面，它是整體的，當我感受時，是以我整個的人來感受。感受不完全等於感覺，感覺只限於感官運作的效果，感受的「受」卻使人在其中成為一整體。康德強調：感受即是連接「知」與「意」的媒介。感受的表現，即是美學的範圍。美學（Aesthetics）這個字在古希臘文中即指感覺所接受的對象。到康德時，他的基本觀念是：美即為無目的的目的性。此說的用意在於：人除了直接用道德實踐來肯定自我之外，還可以透過審美感受的能力來展現宇宙萬物的本質。

在康德看來，「我們所認識的，只是我們所能認識的東西」，一物的本體必須經過我們的加工後才可認識，其本身是不可知的。但是「感受」是完全被動的，要開放地去接受，沒有先天的成見，不受知性的限制，也不是從事道德實踐，不必有目的，而純粹是讓心靈開放。由此可以明白，美就是無目的的目的性。美既不是認識，也不是行動，所以無目的，那麼為什麼又合於目的性？因為它恰到好處。比如，有時你聽音樂，這一小節之後銜接到下一小節時，宛若渾然天成，流暢無比，你不必存著什麼目的，但它卻自然合於目的，這目的性不是我規定的，而是在這曲子中正好表達出真實的面貌。也就是說，作曲家的境界到達某一程度時，他可以透過使用的媒體，像音階、旋律，來表達他所領悟的真實的世界。

有一次我在深夜看電視，當時播映著「圓舞曲之王」約翰・史特勞斯（Johann Strauss, 1825-1899）的故事。他的兒子去跟一位老師學作曲，老師告訴孩子：你平常在教堂裡聽到那些歌曲，很悅耳、很好聽、很舒服的，都是靡靡之音，凡是你只用感官、耳朵去聽，聽到後沒有任何心靈回應的，都是靡靡之音。接著這位老師說：「沒有掙扎，就沒有藝術。」我半夜裡看到這樣一句話，這一天就夠了，可以關電視睡覺了。本來我看電視是沒有存什麼目的的，但是，看到那樣一句話就有心滿意足之感。很多人說藝術是天才的表現，一氣呵成，揮灑自如，好像可以自然產生作品。其實，藝術需要掙扎，需要心靈的掙扎，因為人的生命活在充滿變化的現實世界裡，藝術就是要在變化中掙脫出來，以求掌握永恆。人如何利用有限的媒體表現出永恆？這就需要掙扎了，不但對於藝術媒體要能運用，更重要的是要對永恆有深刻的體驗。體驗永恆，才能產生真正的藝術作品。康德即在設法以感受來聯繫兩個割裂的世界，有沒有成功呢？這是很大的問題。

席勒則認為康德做得還不夠，所以進一步提出他的想法。席勒最主要的創見在於：大家都認為人的身上有兩種衝動：理性與感性，亦即形式的衝動與實質的衝動。人有實質上的需要，也有形式上的需要，有被動的部分，也有主動的部分，有多變的一面，也有不變的一面。比如，你感覺到冷，是屬於實質的，不能說明的，要說明就必須使用概念，使用概念即是運作理性，這是兩個不同的世界。感性偏重質料，理性偏重形式，若是各自發展，則形成偏頗。若只注意感性，感覺世界是充滿變化的，你把握不住，只能拚命追逐，變成享樂主義，「今朝有酒今朝醉」，管他過去未來，只看現在。這當然不好。但另一條路也不見得好，就是完全注意理性，結果變成嚴格的形式主義，以致無法欣賞變化的世界。

人的生命在這兩個衝動之間，需要尋求平衡。平衡點很難找到，就像孔子所說的：「質勝文則野，文勝質則史。」質，指人天生的本能與衝動；文，則是後天的修養、外在的文飾，也就是形式。完全缺乏文飾，會變得毫無約束；文飾太多，則變得虛偽做作，掩蓋了人的真誠。孔子的主張是：「文質彬彬，然後君子。」席勒的想法也是一樣，他以為這兩種衝動都是天生的，不能消滅，因此理想的教育就是，在人原始的本性上添加形式，另外又能讓原始本性有自我發展的機會。

審美與遊戲

在這兩種衝動之外，席勒強調第三種衝動——遊戲，即是人在理性與感性衝動之外，還有遊戲的衝動，想要從真實的世界製造出假想的一面，讓大家一起遊戲。

遊戲本身是很有趣的題材，遊戲理論有各種說法，其一說：「遊戲是動物的本能表現。」狗在地上跑來跑去，它在做什麼？樹上的麻雀飛來飛去，它在做什麼？它在遊戲。因為動物本身有過多的精力要發揮，所以遊戲就變成動物的本能了。記得我女兒五歲的時候，我帶她去美國，在飛機上坐了二十個小時，她跟我玩撲克牌，連玩二十個小時，真是受不了。平常大人玩遊戲，目的在調劑，玩個半小時就差不多了，但對小孩來說，遊戲本身就是目的，她就是要玩。大人的「遊戲」是發展出來的，小孩子的遊戲是比較原始的表現，這裡可以看出遊戲的第一個特色是：與目的沒有關係。如果遊戲有目的，就會出現別的問題。譬如，有些人打麻將，如果目的在贏錢，就不能得到遊戲本身的樂趣了。

遊戲是動物的一種本能表現，甚至連花草樹木都會遊戲。一棵樹伸展出來的樹蔭，遠超過它的根部所需要的庇蔭範圍，因為它的葉子需要遊戲。它會因為太過豐富的生命力而自己成長，遊戲就是生命力過於豐富的表現。就好像點一支蠟燭，火光跳動，也是一種遊戲，因為它有太多力量可以表現它的光。所以遊戲是遍在宇宙各地的。

遊戲往往給人自由的感覺，那是因為沒有目的，所以不受拘束。第二種遊戲的觀念是：遊戲是我們製造出來的想像的世界。活在現實世界太痛苦了，為了得到快樂，得到情緒上的舒緩，所以弄個想像的世界來做為遊戲的領域。譬如，象棋即是為了模擬戰爭而構成的想像的世界，人在下棋時，可以忘卻煩惱，進入假想的世界，把真實世界擱在一邊，暫時逃避一下。以上兩種遊戲理論中，大人比較注重第二種，小孩比較偏向第一種。我們發明各種遊戲，有些需要腦力，有些需要體力，通常還與個人的技術有點關係，因此有些競爭的意味，而非純粹在碰運氣而已，純粹碰運氣的遊戲我們一般也不會喜歡玩。以上說明了兩種遊戲觀念。

對席勒來說，遊戲衝動是人性內在所具有的衝動，這種衝動的目的在於使感性和理性聯繫起來，並做為人性發展的主要方向。「聯繫」的意思，並不是簡單的連接或溝通，而是讓雙方都不要太過分，各自留在自己的範圍裡。舉例來說，你怎麼知道一個人是獨立的？一個人是獨立的，必然是相對於他所接觸到的不同的世界，才能說是獨立的。若是他所接觸到的世界全然屬於形式、理性的部分，怎能知道他是不是獨立？只有在變化裡，才能知道什麼是不變的；也只有在不變的原則下，變化才能成其變化，否則無法對照出來。就像你說「蠶在變化」，但牠不管怎麼變化，還是一隻蠶，亦即「蠶」的本質是不變的。

一個小孩在成長，每天都在變化，但是他在變嗎？這個小孩的位格（personality）是不變的。我們自己也是每天在變化，但我們也知道自己內在的位格是沒有變的。但是位格的不變，並非封閉的、固定的，而是可以做為基礎，把變化的一切拉到裡面來。這變與不變之間，需要協調，如何協調，要靠遊戲衝動。「遊戲衝動」這個名詞，在席勒是和美放在一起的，亦即「美的遊戲」。為什麼遊戲與美放在一起？

遊戲有三個特色：第一，遊戲本身是嚴肅的，沒有一個人能夠在遊戲時不認真，而可以真的去參與遊戲。比如你玩橋牌，眼看自己快輸了，就把牌推開，這樣誰還願意跟你玩？所以說，遊戲絕對是需要認真的。第二，遊戲本身就是目的，而沒有其他外在的目的。遊戲本身即是為了遊戲而遊戲，譬如，下棋時，我不為贏錢，不為得獎，完全是為下棋而下棋；不論勝負，純粹是在享受一種遊戲的互動過程，下完了棋，就能感到愉快。但是人能不能做到這一點？不容易，有時遊戲輸了比現實中的失敗還要令人生氣。因為遊戲本身很嚴肅，並且遊戲本身就是目的。第三，遊戲必須沒有任何壓力與要求，在怡然自得的心情中，不斷有活潑的、新的力量出現。不管現實生活的苦樂如何，當你擺好一盤棋，就有了一個重新開始的希望，讓你感到生命有新的機會，由此產生解脫、舒暢的感覺。席勒為了要化解過去所發展的二元論的對立，特地提出遊戲衝動，這種衝動的對象是美，席勒的美和遊戲的觀念是結合在一起的，兩者不可分離。他的解釋對後代美學影響深遠。

與美遊戲

席勒要聯結感性衝動與理性衝動，並不是拿出一樣東西去使二者溝通，而是設法運用遊戲衝動使感性和理性拋棄自己的規定，自行互通。何謂「拋棄規定」？感性的規定是執著於變化，理性則執著於不變；感性注意實質，理性注意形式、抽象的形態。這些規定能不能拋棄？又要如何去拋棄？在此，遊戲衝動就發揮效果，化解了雙方的規定。換言之，席勒用來聯結感性與理性的仲介，不在於另外設立一個本來存在卻未被察覺的第三種衝動，而是利用遊戲衝動的運作，使感性和理性各自的規定鬆動，鬆動之後即可互通，其結果就是「與美遊戲」，並且產生「活的形象」。

什麼是「活的形象」？以具體方式來說，就是「有生命的形式」。「活的形象」這個詞本身是矛盾的，「形象」是抽象出來的形式，它怎麼可能是「活的」？一個活的東西，又怎麼能有固定的形式？有形式的話，它活潑的生命表現會受到限制。這個詞很難翻譯，我們從原文上尋求解釋，它的德文是：lebendige Gestalt，「Gestalt」的意思，是指完整的形式，以下稍作說明。

我們經常看到某一樣東西，久了之後這樣東西就在我們心裡產生一種潛意識上的瞭解。我們尚未察覺，自己的潛意識已經接受它了，直到有一天我們在做夢時，或在無意中把它表達出來時，才知道原來我們對這樣東西有了整體的瞭解與要求。這個情況很難用一般的語詞加以描寫，但是很多人在從事研究的過程，都會產生類似的心得。譬如，為什麼一個人可以發現一項完美的方程式呢？發現時，是片片段段拼湊而成的，或是靈光一閃，整個一起出現？恐怕第二種說法比較正確，如果是片片段段在拼湊，永遠不知道自己是不是拼成了。所以 Gestalt 這種完整的形式，必須是內心本身醞釀成的。

譬如，你看到圍牆上面有兩支角，就知道下面有一頭牛，我們讀邏輯時喜歡講「隔牆見角知有牛」（當然也可能是有人開玩笑，手舉兩支角躲在牆下，那是例外了）。一般說來，我們看到一個部分，就可以瞭解全體，這是人的心靈本來就有的能力。現在很多人喜歡玩拼圖遊戲，用拼圖拼成一個大城市，實在很有趣。看著那整個形狀，也不一定會拼對，加上有時候印刷會有點問題。這可不是真正的「完型」（Gestalt），真正的「完型」是：我看到一座牆時，發現牆上有角，那麼不必看到牛的身體，就可以想像出一頭牛的完整形式。所以，完整的形式是不會改變的，但具體的生活的動力，是不斷在變化之中。所謂「與美遊戲」是說，你要設法去掌握有生命的形式，也就是「活的形象」。

一般來說，形象是不能變動的，一旦變了，你怎麼知道它還是原來的這個東西呢？但是若你只注意到形象而忽略了其中活潑的、有生命的部分，你就一直執著於永恆的部分，不能介入到變化的世界了。反之，如果你只注意到變化的部分，就找不到形式去規範它。「活的形象」的意義是：生命從此以後不再是感覺的、變遷的過程而已，它也成為理解的對象。譬如，你在認識一個人時，所認識的是什麼？我們從相片就注意到你要認識的是他的形狀。所以，你拿著和別人合照的相片時，馬上可以認出「啊，這是我」。這麼多人，我怎麼知道誰是誰呢？因為每個人都不一樣，都有自己的形象，這裡說的「形象」，不是指「相貌」，而是指「形式」（Form）。但是具體的生命是不一樣的，譬如，你現在照相，下星期拿到照片時，照片上的你是你嗎？不是，那是一星期以前的你，和現在看照片的你已經是不一樣的了。

這不是我在故意講些奇怪的想法，而是真的如此，因為在時間的過程裡，從前拍下照片的一剎那，已經不會再重新回到生命裡面來，生命就是這麼殘酷，這麼現實，每一剎那都不斷在變化。那麼，你怎麼可能理解生命呢？要掌握它的形象，你怎麼理解自己呢？要掌握自己的位格，亦即掌握我所特有的個人風格。有一句話說：「教育是風格的培養。」就是說，一個人受教育，最後的目的是什麼？在於使他能有屬於自己的特殊的風格。什麼是風格（style）？就是一個人的思想與行為具有一定的模式，這個模式是他自己選擇的，不管外在情況如何變化，風格不會改變。人的風格，就相當於我們現在所說的「形式」。生命是無時無刻不在變化的，形式可以不變，透過形式，生命就成為理解的對象了。另一方面，我們的形式不再是抽象的概念，而是能落到經驗裡，變成可以有實質內容的東西，這一點很重要。

譬如，你認識一個朋友，好幾年沒見面，他是否跟以前是一樣的？你所認識的是他的形式，他不可能為了被你認得，就不再繼續變化。他仍然在變化，於是他的形式就變成能夠在經驗界得到實質內容的一個形式，也就是說，形式也是具有生命力的，這叫作「有生命的形式」（lebendige Gestalt）。「Gestalt」本來沒有「leben」（生命），但是在這裡，就可以把形式活潑化了，使人的生命裡兩種對立的衝動，各自在自己的範圍裡將界限放鬆。放鬆之後它們自動可以相洽，無限可以與有限溝通。

無限，就是永恆形式的部分；有限，就是變化的實質這一部分。這兩者之間的溝通，其實是每個人或多或少都在進行著的，只是席勒所強調的溝通在於「均衡」，也就是說：如果好好發展遊戲衝動，就可以自然而然根據遊戲的三個特色——嚴肅、不帶目的、活潑的不斷創新的可能性——使得僵化的形式和不斷變化的內容合在一起。他所強調的審美教育，意義就在這裡。只有透過審美，才能達到人格的完整。這句話聽起來很武斷，我們要再加以說明。

「唯有透過審美，才能有完整的人。」既然談到「完整的人」，是不是表示還有分裂的人？什麼是「分裂的人」？只注意變化的世界，那就是分裂到感覺、實質的這一面；相反，只注意到形式，則是分裂到外在有形規範的一面。例如，清朝末年有所謂「禮教吃人」，什麼是「禮教吃人」？比如說，你是父親，就具有父親的權威，兒子看到父親就一定要好好聽話，沒有什麼道理可講，這是用你的「名」（「名」，就是禮教）來界定你的內容，亦即用「形式」

來限制人。父子之間發生衝突時，兒子永遠是錯的，用「名」來壓制實際生活中的變化，好像在父母親面前，我們永遠是小孩。但是實際上，在成長過程中，也許有很多地方我們已經超出父母親所能理解的程度了。

的確，就感情而言，父母可以永遠把孩子當孩子，但實際上，孩子有可能比父母成熟。這裡，可以由席勒的觀念引申發揮。小孩大多喜歡變化，但必須要給他們一點形式，什麼樣的形式才是恰到好處的？這是另外一種問題。席勒反覆說明的，是這樣一個觀念：美是我們遊戲衝動所對應的對象，這個對象使我們一方面喜歡求知，一方面喜歡道德實踐，但這兩種活動都有規範，會對我們形成壓力，沒有辦法讓我們自由運作。那麼真正的自由在哪裡？以下就要說明：如何從遊戲或審美，走向自由。

一般所謂的「自由」，可以簡單分為三種：第一種是想像力的自由。比如，我現在可以自由地想像我在迪士尼樂園遊玩，以前我在考試的時候，遇到數學問題不會，最喜歡作這種想像。想像有時可以做為逃避現實壓力的藉口，這種自由是不是席勒所謂的自由？當然不是。

第二種是沒有任何規律限制，可以為所欲為的自由，有些人一定不按平常的規矩做事，要是不破壞規定，就覺得自己受到限制，這種自由顯然是不夠成熟的。相對於此，有沒有「成熟的自由」？有的，就是在一定的規矩裡他可以為所欲為，卻不至於違背規矩。比如，一個很會開車的人，他開車的時候完全不必考慮交通規則，卻又完全符合交通規則的要求。我們不會開車的人，為了注意紅綠燈、斑馬線各種標誌，急得滿頭大汗，而他開車卻很輕鬆，就像遊戲一樣，因為他可以完全作自動的反應。

換個方式說，你在學習一項技能時，要接受十分嚴格的訓練，等到程度純熟之後，所有規矩已經內化到你的本能裡，使你表現起來恰到好處，看似很嚴格的規矩，在你卻完全不覺得拘束。試舉一例：美國一位田徑女選手，曾經參加奧林匹克運動會，得了兩面金牌。別人推崇她是個「天才」運動員。她後來年紀稍大，不再適合田徑運動，改打高爾夫球，兩年之後得到全美女子高爾夫球冠軍，別人就說：「看吧，果然是個運動天才！」她卻回答：「我哪裡是天才！我為了練習高爾夫球，每天揮桿一千次，揮到兩手什麼都抓不住、沒有知覺為止，最後發現我的手和球桿，已經可以連成一體運作了。」這便是透過嚴格的、有規律的訓練，讓桿子變成自己身體的一部分，以致最後要怎麼推桿，要把球打到哪裡，能夠完全隨心所欲。

這裡我要強調的是，有一種自由，是透過嚴格規律的訓練，最後可以不受規律的限制。也就是說，規律已經內化，成為人的本能的一部分。外在的規律內在化了，內在化之後，我就自由了。這是令人嚮往的境界，大凡技術方面的東西，都可能有類似的表現。比如，會打字的人，十個手指像長了眼睛似的，已經變成本能反應了。這兩種自由，一種是完全不要規律，另一種是將規律完全內化，隨心所欲的自由。

第三種自由，則是康德所謂的自由：理性為自己立法。我是一個主體，我的理性為我自己立法，由此形成自律，有自律就有自由。請注意，在道德意義上的自由，絕對不是完全無拘無束、愛怎樣就怎樣的，也不是單純地按照規律去做的，而是指：那個規律完全是自己給的，不是別人給的，這才叫作自由。以上三種自由，卻都不是席勒所謂的自由。

席勒所謂的自由是：當你有一種審美的心靈境界出現時，你根本無所求、無所待，沒有目的及欲望，這一切都擺除了。「欲望」代表什麼？比如我想認識一樣東西：「目的」呢？比如我想要做好人。不論是知或行，都代表有了欲望。席勒則認為，當審美表現出來的時候，完全沒有這些客觀的考慮。在人的內在，兩種衝動可以調和、化解，使其放棄各自的規定，讓對方能進入自己的範圍，也讓自己有機會和對方溝通，如此一來，一個人的生命就能擺脫規定，得到解放。譬如，如果你只注意變化，就會跟著變化打轉，而無法理解變化；反之，太注意形式，拚命注意理解，忽略了變化，也是走極端。能夠調和，才能構成內在心靈的解脫或自由。

席勒有句話說得很好：「人在遊戲時，才完全是人。」另一句話是：「人完全是人的時候，才能遊戲。」這兩句話是互補的，這裡稍加解釋：你現在如果有個目的，要去學習，於是腦子完全偏重在理性方面的運作，這時你不是在遊戲，只是讓生命的某一部分特別發展；有時你沉迷於現實世界，追逐實際的利益，處在不斷的變化中，因為你有各種現實的考慮，所以也是受限制的。人只有在遊戲的時候，才能擺脫種種內在的規定，也才具有真正的自由，維護了人的整體性，也才是真正的人。

所謂「真正的人」，意思是說：他完全不受外物所限制。人一有目的，就受控制。目的在外，控制更大；目的在內，則自我將壓抑某些情緒方面的表現，只讓那個為達到目的所需要的條件去運作。人在遊戲時沒有目的，只是為遊戲而遊戲，如此可以有解脫之感，這是十分令人羨慕的。孔子和他的學生曾點的一段談話，可以做為參考：當孔子問學生各自的志向時，子路要當軍事家，冉有要當政治家，公西華要當外交家。這些都是為社會服務、救國救民的大業，但是孔子聽了沒說什麼，最後問到曾點。他們在談話時，曾點在一旁彈瑟，這證明他很喜歡音樂，音樂本身也是一種遊戲的表現，目的只在於自得其樂。這時孔子問到曾點的志向，曾點慢慢停下來，回答說：「我的志向和他們不一樣，現在已經是暮春了，春天的衣服早就做好了，我想穿著春天的衣服，和五六個大人、六七個小孩，到沂水洗洗澡，到舞雩臺上吹吹風，然後一面唱著歌，一面走回家。」

這算是什麼志向呢？曾點所描寫的整個過程，就是一個遊戲的過程，凡是講審美學說的，都可以在這段話找到相應的感受。我們不要把孔子與儒家看作只是宣揚道德教條的訓令，令人充滿壓力。這一部分雖然存在，但它屬於社會生活，而社會生活包含了社會規範和個人相對的責任。的確，人不能離開社會，這是儒家的基本看法，也是人文主義的基本性格，然而做為一個「人」，「只有當他遊戲時，才能完全自由」，所以孔子十分欣賞曾點。

不論要當政治家、軍事家、外交家，都要遷就外在的條件，尤其在古代，如果當政的國君不認可，什麼家也當不成。在這樣的限制下，人格就不能充分發展了。假如能像曾點一樣，配合天時、地利、人和，完全不須勉強，豈不更為自在？真是令人欣賞。所以孔子勸勉他的學生：「君子不器。」君子不要把自己當作一個器皿，任何「器皿」都有一定的目的與作用，而君子，即一個理想的人格，不能把自己當作被利用的工具來達到另外的目的，卻要做一個完整的人。

當然，儒家並沒有談到席勒所注意到的兩個衝動和遊戲衝動的問題，但也能夠欣賞人生活潑、自由的一面。在席勒看來，社會上只有兩種人，一種偏向理性，這種人比較少；大部分的人容易衝動，偏向感性的一面，一天到晚在變化之中，最後連自己是誰也不知道，表面看來好像無憂無慮，後來卻會發現自己錯過了很多穩定下來的機會，亦即無法在形式上對自己的生命有深刻的理解。接著，席勒強調了另一部分：當一個人是完全的人時，他才遊戲。

以審美點化人性

如此說來，難道我一定要完全是人了，才能玩遊戲嗎？若真是這樣，我們每個人都很難遊戲了。或者我們可以進一步看看自己哪一次是真的在遊戲？有哪一次在遊戲時，心中不存其他想法？比如下棋，你往往先有個想法，要贏，更不用說那些與外在利益勾結起來的賭博了。賭博不但談不上是遊戲，而且是社會惡性觀念的延伸，它侵入遊戲的範圍，使人生唯一的避風港受到污染。當我們聽到：「人完全是人的時候，他才能遊戲。」我們要問：我們能遊戲嗎？我們遊戲時，是不是進入一個完全不同的世界？或是還有各種複雜的牽制？

以小孩子來說，他的遊戲是比較完全的。他什麼時候開始會不快樂？從進了學校以後。因為進了學校以後，就要受到形式的約束，在這個過程中，小孩子就逐漸喪失了他生命中活潑的部分。受過越多教育的人，越會感覺到生命裡形式的成分太強，以致屬於實質的部分很容易被誤導，尤其是受社會風氣所誤導。反省看看，我們什麼時候喪失了完整的純真的心？這樣提問，意味著我們曾經完整過、純真過。我們看到一個正常的孩子，他總是很快樂的，一般而言，學生上了中學，往往不再快樂，因為他們必須考慮到成績、畢業，以至於原來自然的完整性被破壞了，但是要問「在哪一瞬間」他喪失了完整性，則是另一個問題。一個人喪失自我的過程往往是不自覺的，我中學的時候哪裡會注意這些？等我察覺的時候，已經中年了。這裡我們可以看到，一個人的生命本來是純真完整的，就像莊子裡有個「混沌」的故事，混沌本來沒有七竅，因為他對別人很好，別人要感謝他，每天替他鑿一個竅，第七天鑿完七竅以後，混沌就死掉了。人也是一樣，我們內心的混沌在什麼地方？我相信還在，只不過隱藏起來了，發揮不了作用。

自由、平等、幸福

現代人的優勢在於享有真正的民主，擁有平等的生存空間，有了更多自由可以去恢復自己的混沌，但是你要用心去設計，首先要瞭解，然後要實踐。

在這裡，我們要進一步說明「自由」。席勒強調：人的自由是他最根本的品質。這個自由是人所具備的，因為人對整體世界的說明，必須超越個人有限的經驗。不論多麼聰明的人，其經驗仍是有限的，他怎麼可能憑藉一些有限的經驗去說明無限的整體世界？比如我說：「世界有開始，有毀滅。」世界的開始與毀滅是我經驗之外的事，我怎麼能肯定呢？但是人活在世界上，必須超出有限經驗對整體世界作一些說明，而他必須是自由的，才能做這一類的說明。所謂自由，就是指超越個人經驗的限制。席勒的說法還有一個轉折如下：沒有一個人活在世界上能夠不對整體世界作說明的，這也就是他的世界觀。但是個人經驗都是有限的，不足以充分提供說明的材料。因此，當人對這整體世界作說明時，他已經超出了個人的經驗，亦即，他是自由的。

自由的意義在於，超出個人生命經驗的範圍。我們的世界觀一直在改變，誰能提出這些世界觀，就是那些能把自己從現存的世界觀中解脫出來的人。其實這些世界觀都沒有辦法提出最後的根據，因為世界觀是製造出來的，而不是被給予的，這兩者差別很大。假如你說「被給予」，表示沒有選擇餘地，世界觀是世界給我的，我只能接受；假如你說「製造」，則要問：

「誰製造了它？」這裡說的世界觀，比如宇宙有沒有開始，有沒有結束，人在宇宙中扮演什麼角色等，這些是你對整個宇宙的瞭解。

接下來你要知道，這些宇宙觀都是製造出來的，誰製造的？那些天才，那些有創意的人製造出來的，而我們接受了。既然是別人造的，那麼，我當然也可以造了：既然宇宙觀並非天生下來就注定的，人的自由就表現於可以去創造一個自己的宇宙觀。不論你讀什麼學科，按席勒的說法，最後的目的都在於要設法瞭解別人的宇宙觀，然後自己去造一個。造宇宙觀的方法有很多，基本的原則就是：以自己的經驗作基礎，只要在不矛盾的情形下，都可以造出來。其中很有彈性，而且並不困難。即使你不願意造一個新的宇宙觀，你也要將別人的宇宙觀加以修正，使它符合你生命經驗的要求，因為「自由」仍然要表現在自己創造的世界觀上。自由表現於創意，一個人如果沒有注意到自己生命的特色，也不能掌握到人類普遍的形式，他的生命如何能定位呢？當我們面臨自己的選擇時，內心真的彷徨，誰能替自己出主意呢？沒有。因為每個人所經驗的變化世界都是不一樣的，如果你完全採用別人的主意，那麼是不是自己在活呢？你不過是別人的翻版而已。

席勒不贊成這樣，他強調即使需要嚴格的思想過程與系統的建構，也仍然是需要創意的。這個世界不斷在變，他認為人性也時時在塑造中。人性是否發展成熟，完全與你能否發揮遊戲衝動而成為一個完整的人，密切相關。生命成長的過程，就是人性趨於成熟的過程，也就是你的審美衝動不斷發生作用，改造生命的過程。我們知道，沒有一個完全的理想是可以真正實現的，理想的存在是做為最後的方向，指引我們去發展。你見不到一個完美的人，因為他永遠有實際具體的生命，活在變化裡面，另外他又有形式的、屬於人格不變的這一面。

所謂人性的發展，即在變與不變之間找到平衡，然後不斷地動態地向前發展，靠著審美的衝動，使生命不再分裂，達成整全合一。席勒的思想無法用很系統的方式來說明，因為他的學習背景主要是文學與戲劇，對於純粹哲學，他覺得太嚴格、太重形式了。他的生命趨向是塑造德國文學，他的生命則表現在德國的民族文學上，他的作品被人譽為德國文學的最高峰，在文學史上可以與歌德並稱。歌德的生命幾乎比席勒多活了一倍，席勒在那麼短的生命中，成就卻能和歌德齊名，理由何在？在於他的「美」的理論有其特色，能在客觀美學、主觀美學之外，開出一個跳開主客問題而進入人性的美學，他的理論不再只是認識、討論的對象，而要回到根源，即人性上，把審美的衝動等同於遊戲衝動，把這種衝動放到人性內在，利用這種衝動，解除另外兩種衝動的對立與排斥，透過此一過程，使人成為完整的人。

附錄：《審美教育書簡》內容摘要

由於本系列探討西方美學領域的，只以席勒一人為代表，並且席勒的主要作品《審美教育書簡》的摘要在篇幅上亦不太長，所以特別附錄於此。此書寫作背景大致如後：

一七九一年，席勒生活困苦、身染肺病。丹麥奧古斯登堡（Augustenburg）公爵與希梅爾曼（Schimmelmann）伯爵從這年十二月起，每年資助席勒一千塔勒銀幣，以三年為期。席勒為了報答公爵對他的幫助，從一七九三年二月起，把他對美學的觀點用書信的方式寫給公爵。一七九四年二月哥本哈根大火，前十封信焚毀，席勒又根據自己留存的提綱重新撰寫，共寫成二十七封信，於一七九五年在他主編的《季節女神》雜誌上發表。這一系列書信陳述了席勒的美學思想從開端到結束的過程，值得我們且讀且想。中譯本由馮至與范大燦所譯，北大出版社發行，以下為稍加刪節的摘要。

第一封信

席勒說明，他研究美與藝術雖以康德的原則為根據，但不拘門戶之見。他研究美的方法論基礎是：美雖與感官及感覺有密切關係，但嚴格的科學研究必須使對象接近知性，因而有時不得不使對象避開感官和感覺，脫離後者的直接表現形式。

第二封信

藝術是人類理想的表現，它是由精神的必然要求而產生的，不是為了滿足物質方面的需求。但是，現今的社會是：需要支配了一切，功利盛行，科學發達，藝術越來越失去了它的意義。另外，政治不再是少數強者的事，每個人都覺得政治問題的解決與自己有或深或淺的關係，因而人們普遍地注目政治舞臺，研究藝術和美似乎成了一件不合時宜的事。不過，席勒認為，政治問題的解決必須藉由美學問題，人們只有透過美才能走向自由。因此，他要抵抗時代的需要和風尚，讓美在自由之前先行。

第三封信

自然的國家是在歷史上自然形成的，它源於本性之力，受盲目的物質必然條件所支配，一切都是靠強制而產生的，因此也稱為強制國家。當人度過童年期進入成年期，就不再滿足於這種強制國家，而要求建立倫理國家，它源於法則，受道德必然條件所支配，亦即一切都是人的自由選擇。但是，這個倫理國家只是透過理性假設的，是在觀念中形成的一種理想的自然狀態，因而道德的人也是推論的，而物質的人才是現實的。理性要建立自己的國家，就得廢棄自然的國家，這樣，為了推論道德的人，就得犧牲現實物質的人；人固然因此有了原來缺乏的人性和尊嚴，但他的生存也陷入險境。因此，為了保證道德社會在觀念中形成的同時，物質社會也能繼續運行，就必須找到一根支柱。這根支柱既不在人的自然性格之中，也不在人的道德性格之中，它與兩者都有關係又不同於它們，是第三種性格，它為從自然國家到倫理國家的過渡開闢了道路。

第四封信

理性要求一體性，自然要求多樣性。觀念的人，亦即純粹的、理想的、客觀的人，體現了這種永不改變的一體性；時代的人，亦即經驗的、主觀的人，則表現出始終變換的多樣性。因此，每個人都有兩種性格，就是客觀的、類屬的性格，與主觀的、特殊的性格，這兩種性格各有其片面性。國家代表純粹的、理想的人，它力求把各具特點的個體統一成一體。這樣，如果個人不能把他的主觀的、特殊的性格淨化成純粹的、客觀的性格，國家就要與個人發生矛盾，而國家為了不致成為個體的犧牲品，就不得不壓制個體。因此，關鍵在於，如何使人身上的這兩種性格統一起來，達到性格的完整性。既不能為了達到道德的一體性而損傷自然的多樣性，也不能為了保持自然的多樣性而破壞道德的一體性。這就是說，人既不能做為純粹的自然人，以感覺來支配原則，成為野人；也不能做為純粹的理性人，用原則來摧毀情感，成為蠻人。有教養的人具有性格的全面性，只有在這種條件下，理想中的國家才能成為具體的現實，國家與個人才能達到和諧統一。

第五封信

現在，人已經覺醒，自然國家的基礎已經動搖，看來已有了物質的可能性，可以建立理想的國家，但是還缺少道德的可能性。現在仍然沒有完整的性格，因而一切希望只是個美夢。粗野統治著社會的下層，懶散和性格敗壞統治著社會的上層。這兩種弊病同時出現，是當前時代的特徵。

第六封信

希臘人具有性格上的完整性，他們的國家雖然組織簡單，卻是一個和諧的集合體。近代，由於文明的發展，以及國家變成強制的國家，人只能發展他身上的某一種力，從而破壞了他天性的和諧狀態，成為與整體沒有多大關係的、殘缺不全的、孤零零的碎片。這種片面的發展，對文明的發展以及對人類的進步是絕對必要的，但個人卻為了這種世界的目的而犧牲了自己，失去了他性格上的完整性。因此，近代人要做的，就是透過更高的藝術，亦即審美教育，來恢復他們天性中的這種完整性。

第七封信

要恢復人天性的完整性，不能指望現在這樣的國家，同樣也不能指望觀念中的理想國家，因為理想國家本身必須建立在更好的人性之上。所謂更好的人性，就是既要有和諧一致的一體性，又要保證個體的自由和它的多樣性。但是，人的天性目前處於分裂之中，人身上的各種力處於對抗之中。在這種情況下，要求和諧一致，勢必對個體實行專橫的統治；給個體以自由，勢必成為對全體的背叛。因此，只要這種分裂和對抗的狀態繼續存在，改善國家的任何企圖都是不切實際的幻想。要改革國家，獲得政治自由，必須首先改善時代的性格，恢復人天性的完整性。

第八封信

國家固然不會遏制盲目的自然力的統治，理性本身也不可能做到這一點。理性的職責是找到和提出法則，而這些法則的實現，要靠勇敢的意志和生動的感覺。現在，理智已經啟蒙，但感覺方式還沒有改變，追求真理的衝動還沒有產生。因此，培養感覺功能，是時代的當務之急。

第九封信

政治上的改進要透過性格的高尚化，而性格的高尚化又只能透過藝術。藝術雖與時代有聯繫，但因藝術家心中有一個由「可能」與「必然」相結合而產生的理想，他的創作是發自他心中純正的理想性格，因而高尚的藝術不沾染任何時代的腐敗，它是超越時代的。藝術家不是以嚴峻的態度對待他的同時代的人，而是在遊戲（Spiel）中透過美來淨化他們。他使他們在閒暇時得到娛樂，不知不覺地從他們的娛樂中排除任性、輕浮與粗野，再慢慢地從他們的行動乃至意向中，逐步清除這些毛病，最後達到性格高尚化的目的。

第十封信

時代必須藉著美來克服由一面是粗野、另一面是疲軟與乖戾，這兩種對立的特性而造成的混亂。有人懷疑甚至反對美能產生這樣的作用。這些人當中，有的固然是因為從未感受過美的好處而對事實視而不見，但經驗確實也證明了：在一個民族裡，國家的繁榮與藝術的昌盛，並不是同時發生的，政治的自由與審美修養的高度發展，並不是攜手並進的。不過，上述結論是根據以經驗為基礎的美的概念得出的，而這些書信所討論的美的概念，應透過抽象從人的純理性概念中得出，它將證明美是人的一個必要的條件。

第十一封信

高度的抽象可以從人身上分辨出兩個因素：一是「位格」，二是「狀態」。前者植根於自身之中，永不變化；後者取決於外界的規定，隨著時間一直變化。抽象的「位格」就是自我，絕對主體、形式或理性；抽象的「狀態」就是現象、世界、物質、材料、內容或感性。這兩者在絕對存在（即神）中是同一的，但在有限存在（即經驗中的人）中永遠是兩個。既然人同時是絕對存在和有限存在，他具有感性和理性兼而有之的天性，這就向人們提出兩個對立的要求：一是要求絕對的實在性，即要使理性形式獲得感性內容，使人自身的稟賦轉化成現實的現象；一是要求絕對的形式性，即要使感性內容或物質世界獲得理性形式，使千變萬化的現象顯示出一體性，顯示出和諧與規則。

第十二封信

有兩種對立的力，促使人去完成雙重的任務：把必然轉化為現實，以及使現實服從必然的規律。這兩種力可稱作感性衝動和形式衝動。感性衝動來自人的物質存在或人的感性天性，把人當作個人放在時間之中，要求變化和實在性。它揚棄了人的位格性，把人局限在某種事物和某個瞬間，存在受到最大限度的限制，人不可能達到完善的程度。形式衝動來自人的絕對存在或人的理性天性，把人當作類屬，超越一切感性世界的限制而達到位格的自由，在認識中要求真理，在行為中要求合理。它揚棄時間和變化，把個別事件當作一切事件的規律，把一個瞬間看作永恆，存在可以得到最大限度的擴展。

第十三封信

感性衝動（物質衝動）與形式衝動（理性衝動）都有各自的領域，彼此不可侵犯。為此，這兩種衝動都必須放鬆，保持在各自的範圍之內，從而使形式的最大自由與存在的最大豐富結合在一起。

第十四封信

感性衝動和形式衝動之間真正的相互作用，是理性提出的任務。一般來說，人完全實現這一任務是絕不可能的。但也可能有這樣的情況：人既意識到他的自由，同時又感覺到他的生存；既感到自己是物質，同時又認識到自己是精神。在這樣的情況下，感性衝動和形式衝動將結合在一起，成為一個新的衝動，即「遊戲衝動」。根據這種衝動，人將努力使變化與恆定，亦即使接受與創造相結合；自然的強制和精神的強制將相互抵消，感性與理性將相互調和。

第十五封信

感性衝動的對象是最廣義的生活，形式衝動的對象是本義和轉義的形象，遊戲衝動的對象是活的形象（lebendige Gestalt），亦即最廣義的美。遊戲衝動是感性衝動與形式衝動之間的集合體，是實在與形式、偶然與必然、受動與自由等的統一；這樣的統一使人性得以圓滿完成，使人的感性與理性的雙重天性同時得到發揮，而人性的圓滿完成就是美。這樣的美是理性提出的要求，這個要求只有當人遊戲時才能完成。所以，人與美「只是」遊戲，人「只是」與美遊戲；只有當人是完全意義上的人，他才遊戲；只有當人遊戲時，他才完全是人。

第十六封信

美是由兩種對立的衝動相互作用而產生的，理想美是實在與形式達到最完美平衡的產物。這樣的平衡在現實中是不會有的，不是這一方佔優勢，就是那一方佔優勢，因而理想美只是一種觀念。觀念中的理想美是不可分割的單一的美，而經驗中的美是雙重的美；觀念中的理想美只顯出有溶解的和振奮的特性，在經驗中就成為兩種不同的美，即溶解性的美和振奮性的美，這兩種美的作用各不相同，所以在經驗中美的作用是矛盾的。

第十七封信

人性的觀念與美的一般概念，都是直接來自理性，而人性觀念的圓滿實現就是美。但是，現實中的人與觀念中的理想人不同，他受到種種限制。這些限制大體而言有兩種：一是單個的力片面活動，破壞了人本質的和諧一致，造成一種緊張狀態；一是兩種基本的力（感性力和精神力）同時衰竭，造成一種鬆弛狀態。人在經驗中基本上是處於上述兩種狀態，因而美在經驗中對人的作用也有兩種：適用於前者的是溶解作用，以恢復和諧一致為目標；適用於後者的是振奮作用，以恢復力為目標。

「緊張」又有兩種情況：一是片面受情感的控制，感性處於優勢，一是片面受法則的控制，形式佔了優勢。溶解性的美也有兩種不同的表現形式：一是以寧靜的形式緩和粗野的生活，即以形式解除物質的統治；一是做為活生生的形象給抽象的形式加上感性的力，即以實在解除概念的統治。

總之，美在現實上的不同作用，不是來自美的一般概念，而是來自它作用的對象，亦即人在經驗中的不同狀態。因此，要瞭解為什麼美是消除「緊張」的手段，就必須研究「緊張」在人的心情中產生的根源。

第十八封信

美（這裡主要指溶解性的美）應該能夠消除雙重的緊張，亦即精神力的緊張與感性力的緊張。美把思維與感覺這兩種對立的狀態聯結起來，但這兩者之間並不存在一種折表狀態。美學要解決這個矛盾，就必須一方面承認對立，嚴格區分這兩種對立的狀態；另一方面又必須承認結合的可能性，使這兩者完全統一。這兩方面必須相輔而行，偏頗任何一方都不可能得到正確的美的概念。

第十九封信

人的精神狀態在未受感官感覺的規定以前，是一種被動的可規定性狀態，是空的無限。精神接受了感官印象，空的機能轉化成作用力，精神的無限性也隨之喪失，因為它被局限在一個特定的對象之上。透過感官感覺，我們獲得了實在性，而實在性又是透過有限與無限的對立而顯示出來的。精神把這兩者對立起來的活動，叫作思維。因而我們說美是一種手段，它把人從感覺引向思維，從物質引向形式。這並不是說它幫助了思維，而是說它的思維力創造了按其自身規律活動的自由。

在我們的精神中有兩種基本衝動，這兩種衝動絕不可以與精神本身混為一談。這兩種衝動如果同時活躍起來，兩種對立的必然性就相互抵消，自然（或天性）就失去了對人的控制，意志就取得了主宰地位，它就有了自由。

第二十封信

當人是完全的時候，也就是說，當兩種基本衝動同時得到發展時，人就有自由，否則就沒有自由。

人始於單純的生活，終於形式。人先是處於感性規定的狀態，然後才過渡到理性規定的狀態。處於前一種狀態時，人還沒有開始是人，由感性支配一切，而在真正的人身上，只有意志才是一種支配力。

人不可能直接從感覺轉向思維，要從感性規定的狀態進入理性規定的狀態，必須暫時擺脫一切規定，重新處於一種像尚未由於感官印象而給人以規定以前的那種無規定狀態。但是，原來的無規定狀態是沒有內容的，是一種無限的可規定性狀態。而現在的這種無規定狀態是有內容的。這樣，為了保存人已有的實在性，必須保持狀態的規定性，同時為了造成一種不受限制的可規定性狀態，又必須消除已有的規定性狀態。要想既保持又消除狀態的規定性，那就只有一種辦法，即給原來的規定，也就是感性規定樹立一種對立面，透過理性規定與感性規定的對立，達到彼此之間的平衡。

所以，心緒從感覺過渡到思維，要經過一個中間心境，這種心境可以叫作自由心境，因為在這種心境中，感性和理性同時活動從而彼此抵消，心緒既不受物質的也不受道德的強制。這種實在的和主動的可規定性狀態，叫作審美狀態。

第二十一封信

審美的可規定性與純粹的無規定性，雖然都是一種無限，但後者是空的無限，前者是充實了內容的無限。美在心緒中不產生任何具體的個別結果，只是給人以自由，而這種自由正是人在感覺時或思維時，由於片面的強制而喪失了的。所以，美的作用就是：透過審美生活再把由於人進入感性的或理性的被規定狀態而失去的人性，重新恢復起來，這一點與自然對人的作用是一樣的，自然也只是給人以取得人性的功能。自然是人的本來創造者，美是人的第二創造者。

第二十二封信

在審美狀態中，我們均衡地支配著承受力與能動力，我們的心緒處在自由之中，它可以輕易地轉向任何一個方面。真正的藝術作品就是在這樣一種狀態中，把我們從禁錮中解脫出來。

儘管這種純粹的審美效果在實際中是不會有的，但偉大的藝術家總是努力使他的作品接近於這種審美理想。他善於克服他採用的那種藝術種類（音樂、美術、文學中的任何一種）特有的局限，又善於保持它特有的長處；他充分運用這類藝術的特點，使它具有更普遍的性質，從而達到完善的風格。其次，他還克服了他加工的材料所具有的局限，他透過形式消除了材料，讓形式發生作用，內容（即材料）則不起任何作用。這樣創作出來的作品就是傑作。不過，就是這樣的作品也不見得會產生應有的審美效果。因為有些欣賞者不是從審美方面接受藝術作品，而是或者只追求感官享受，或者只追求道德教育的目的。

第二十三封信

感性的人不可能直接發展成為理性的人，他必須首先變成審美的人。人在審美狀態中已經得到淨化提高，因而可以按照自由的法則，從感性的人發展成為理性的人。因此，文明修養最主要的任務之一，就是使人在純物質生活中就接受形式的支配，為此人在受自然目的的支配時，必須訓練自己適應理性目的的要求。

第二十四封信

人的發展要經過物質狀態、審美狀態與道德狀態三個不同的階段。在第一個階段，人受自然的盲目必然性的支配，理性根本沒有出現，人是無理性的動物。即使理性已朦朧地出現，因為這時生活衝動對形式衝動還佔有優勢，人也會把理性所要求的絕對的概念，運用到他的物質的生存與安樂上面去，或者把他的感性利益當作他行動的根據，把盲目的偶然當作世界的主宰，或者為他自己設置一個符合於他卑劣意向的神。因此，理性的最初出現並不是人性的開始，人還不是人，而是有理性的動物。

第二十五封信

美是自由觀賞或反思的產物，不是抽象的產物，有如真理那樣。人在審美狀態中擺脫了物質世界，把它當作對象，但人並沒有因此脫離物質世界，就像達到真理時的那種情況。這時，意象與感覺互為因果，反思與情感完全融為一體。美既是我們的狀態又是我們的行為。被動與主動、材料與形式、有限與無限，在審美狀態中並不相互排斥，而是可以同時並存。在物質依附的情況下可以有道德自由，這就證明感性天性與理性天性是可以相容的，從審美狀態可以向任何更高的階段發展。

第二十六封信

人的審美心境是自然的贈品，由於自然偶然提供的有利條件，感官與精神、感受力與創造力，才幸運地得以均衡發展，這種均衡發展是美的靈魂和人性的條件。人擺脫了動物狀態進而具有人性的標誌，是喜歡假象，愛好裝飾與遊戲。事物的假象與事物的實在性完全不同，前者是人自己的作品，後者是事物自身的作品。假象有兩種，一是審美假象，它與現實和真理有嚴格的界限，它並不冒充也無須冒充現實和真理，它是正直的、自主的；一是邏輯假象，它與現實與真理相混淆，它偽裝現實和真理，它是虛假的、離不開實在的。審美假象是遊戲，邏輯假象是欺騙。

人可以按照他自己的法則任意對待假象，但這種主宰權只限於假象的世界，亦即人自己的領域，而不能擴展到經驗的領域。所以，詩人既不可把自己的理想當作實際的存在，也不可把自己的理想當作達到某種特定的實際存在的手段。假象是一切美的藝術的本質，而純粹的假象與實在性有嚴格的區別。因此，既不能因為美的藝術是假象，就對它下輕蔑的判斷，也不能因為假象與道德習俗所要求的真實感相違背，就攻擊一切假象。判斷審美假象的標準不是有沒有實在性，道德法則也不適用於對審美假象的判斷，判斷它要根據美的法則。

第二十七封信

從純粹的物質狀態到審美遊戲，是一個逐步發展的過程。人的最原始狀態是，只滿足最低的需要；不久，他就開始要求有剩餘，最初是要求物質的剩餘，隨後在要求物質的剩餘之外，還要有審美的附加物。即使人還是動物時，如果他們活動的動力是為了維持生命，他們就是在工作（或勞動）；但如果是過剩的生命刺激他們活動，他們就是在遊戲。不過，這種遊戲還是物質性的，人還屬於動物的範圍。從物質遊戲到審美遊戲，是一個飛躍，這時人必須解脫一切物質的束縛，因而他的整個感覺方式必須發生一場徹底的革命，他對審美假象必須自由地、無利害關係地加以評估。

即使審美遊戲已經開始，感性衝動還有足夠的力量，可以不斷進行干擾，因而最初的審美遊戲衝動與感性衝動還難以區分。審美遊戲本身也還有一個從低級到高級的發展過程。最初以外界事物為樂，最後以自己為樂。而這又分為兩步：開始是透過屬於人的東西，最後是透過人本身。審美遊戲到了高級階段，美本身就成為人追求的對象，這時就建立起美的假象之王國。這個王國不同於以感性為基礎的力之可怕的王國，也不同於以理性為基礎的法則之神聖的王國；在這裡，人擺脫了一切（包括物質的與道德的）強制，透過自由給予自由是它的基本法則，平等的理想得到實現。這樣的審美國家按照實際情況來看，只存在於個別卓越出眾的人當中。

4

黑格爾

Georg Wilhelm Friedrich Hegel

1770-1831

「人是靠思想站立起來的。」

——黑格爾

黑格爾說：「絕對精神展現了一切。」

宇宙萬物的本體，就是一個絕對精神，精神的本質就是活動，活動一定要離開自己，而離開自己的目的是回歸自己，且離開自己的時候，必須開展出大自然，讓自己可以在裡面運作，然後再回來。因此，凡是在自然界中出現的東西，一定都是精神的某種表現，所以它應該是合乎理性的——這是黑格爾絕對唯心論的基本觀點。

引言

時代背景

黑格爾（C. W. F. Hegel, 1770-1831）是西方哲學史上的重要人物，他過世的那一年——一八三一年，被視為近代哲學的結束。這是因為他的哲學系統把過去主要的哲學發展，尤其是笛卡兒之後一兩百年的成就，作了一個最後的總結，因此，我們有必要認識他。但是，由於他的思想背景複雜，哲學體系相當龐大，我們僅能對他的思想精華，尤其是他哲學體系的大綱，對於他對社會、藝術、宗教，以及對於人類的解釋，作一概略式的說明。在進行此一說明之前，要先介紹他的生平。

黑格爾幼時讀書，對於希臘悲劇特別欣賞。大學時期，與同學一起研讀盧梭，分享彼此對法國大革命的共同熱愛。大學畢業時，證書上提及他良善的品格和對神學與語言學相當不錯的認識，以及他對哲學「不夠充分」的瞭解。黑格爾此時已經注意到哲學與神學的關係問題，到了一八〇一年，他在耶拿（Jena）大學獲得教職。一八〇七年出版《精神現象學》，聲名漸著。後來擔任紐倫堡（Nueremberg）中學的校長，提倡學習古典語文，自己也教授基本哲學，這期間寫成《邏輯學》一書。一八一八年，黑格爾任柏林大學哲學講座，直到一八三一年因霍亂逝世為止。這十三年中，他不只在柏林，也在整個德國的哲學界，佔有無可匹敵的地位。他有些官方哲學家的色彩，但是整個影響力卻來自深刻而專注的哲學思維，以及他把廣大的領域包含在辯證法範圍內這種出眾的能力。他的講義文稿包括藝術哲學、宗教哲學、哲學史、歷史哲學，大都卷帙浩繁。

他是個冷靜而穩重的人，在日常生活中從未給人才華橫溢的印象。身為一個誠實的中產階級大學教授，勤勉、有條不紊、有良心、愛交際是人們對他的印象。然而，他卻慧眼獨具，看出了宇宙與人類歷史的變化中所含的深刻意義。他不贊成訴諸神祕直觀與感受，而是以理性的能力為基礎，堅定地相信「形式與內容合一」，他相信：內容、真理只有在其系統、概念的形式裡，才是屬於哲學的。凡實在的，就是合乎理性的；凡合乎理性的，就是實在的；我們只能在對於實在界作合乎理性的再建構中，覺察到它。我們在他的哲學中，仍可見到哲學史上最宏偉、最令人印象深刻的景觀。

黑格爾所處的時代背景，特色有二：啟蒙運動與浪漫主義。

啟蒙運動發生在十七、十八世紀，主要原因是科學快速地發展，配合理性和教育的傳播，使歐洲的人產生信心。他們認為：只要「啟蒙」（意思是理性可以瞭解一切），就可以取消宗教的蒙昧，而能認識萬物。啟蒙的「蒙」，以前指的是宗教信仰，因為宗教信仰容易使人產生迷信的行為，促成不合理的做法，現在要用「理性」來代表光明，以取代宗教的蒙昧，使一切變得光天化日，然後可以設計並安排人類的未來。

十七、十八世紀的歐洲社會，瀰漫著一股「進步的」觀念，認為人類社會的未來是光明而且充滿希望的。這種樂觀的思潮，正是啟蒙運動所帶來的。但當時所出現的哲學，像理性主義或經驗主義，都是充分運用理性態度去探討所有的問題，他們的目的在於「追求人類的幸福」。人類的幸福並不一定要靠「信仰」，人類的幸福也可以用理性儘量改善這個世界，使它適合人類的發展。

不過，啟蒙運動也遭到了挫折，原因在於它太強調「理性」了！而人除了理性之外，還有情緒、意志，以及種種非理性的因素。此外，歐洲此時亦顯得動盪不安，譬如民族國家逐漸形成，但彼此間相互爭鬥不斷，拿破崙席捲整個歐洲大陸，對德國人更造成巨大的影響。德國人（當時尚稱普魯士）崇拜法國人，甚至以學習法文為榮。許多德國哲學家看了很難過，尤其是費希特（J. G. Fichte, 1762-1814），他在法軍的監視之下，於柏林大學前址作了十四次演講，稱為《告德意志國民書》，希望德國國民們知道，德國並不比法國差，德文一樣是有源有本的語言，所以不需要以學習法文為榮。他鼓勵德國人，要學習掌握自我的精神，培養新的教育，使每一個人均由肯定自己開始，重新做一個新時代的國民。這是哲學家根據自己的哲學，所發展出對自我的肯定。

以哲學來說，康德之後的哲學發展，有了相當程度的轉變。我們知道，康德強調人的理性，但是理性只能助人認識到萬事萬物的「現象」，而無法認識到它們「本身」，也就是說，「物自身」不可知。因此，人只能透過道德實踐的進路來找到自我。費希特認為這種說法不夠透澈，他覺得我們可以直接掌握自我的本質，因此可以肯定自我的價值，這是不需要證明的。試問：哪一個人在思考時，不是先肯定自我的呢？所以，他不能贊同休謨所說的，自我只是一種現象而已！費希特認為，這種說法違反了我們實際的生活經驗。

什麼是浪漫主義？浪漫主義發展於十八世紀至十九世紀初葉，它的立場是要對啟蒙運動中的理性主義與經驗主義提出批判。因為後者太相信理性了，由此形成許多偏差的觀念與制度。

浪漫主義比較強調人的情感、想像、意志等，因此傾向唯心，認為人的自我是心靈，而心靈的能力是無限的，不受外在物質的限制。進而他們認為，我們有一個經驗世界，大部分可被我們的理性所掌握，但是同時也應該尊重一個超越經驗的世界，因而又強調創造，所以詩歌及藝術受到重視，歌德的《浮士德》即為最高峰的代表作。肯定人的想像，以及藝術的卓越和價值，就是浪漫主義的基調。

從啟蒙運動到浪漫主義，就是黑格爾所成長的時代背景。

思想背景

就黑格爾的思想背景來說，第一項就是康德哲學。

康德哲學的特色，即是人只能認識現象，而不能認識「物自體」（即事物的本身不可知）。事物本身既然不可知，又怎麼知道一定有這個東西呢？於是引起了很大的爭議。譬如，我只能看到一盆花表面的顏色、形狀，卻看不到花的「本體」，那我怎麼知道有花呢？若是沒有花，又怎麼會有花的現象？可是，當你說沒有花怎麼會有花的現象時，是否意味著花的現象和花的本身是可以分開的呢？對於這個有趣的問題，黑格爾認為：花就是我所看到而被我判斷的內涵，所謂的現象與物自身之分是沒有必要的，因為我的理智、我的心靈，可以創造花的本質部分。如此一來，整個宇宙，就黑格爾而言，就是心靈所創造、所展現的。因此，黑格爾的哲學被稱作「絕對唯心論」。

唯心論的觀點，是認為宇宙萬物的本質在於心靈，在於思想，或在於理性。大致來說，唯心論又稱觀念論（Idealism），可分為三派：「主觀唯心論」、「客觀唯心論」和「絕對唯心論」。簡單地說，「絕對唯心論」就是認為宇宙整體是一個心靈，是一個精神。心靈、精神，就西方語言來看，意思是相通的。

而康德之後的德國觀念論，有三位代表人物：費希特、謝林（F. W. J. von Schelling, 1775-1854），以及黑格爾。費希特代表「主觀唯心論」，因為他強調自我的存在是不容被懷疑的。謝林代表「客觀唯心論」，因為他肯定人無法否認自然世界的存在。照理說，在人肯定自我之後，外在的世界應該只是個工具。是可以讓我發展的一個場所而已；但「客觀唯心論」則主張，世界本身也有存在的價值，因此謝林強調自然科學的發展。到了黑格爾，就變為「絕對唯心論」，因為他用心靈把主、客觀統合在一起。在這裡有幾個名詞要注意：

第一是 in-itself（在己），是指精神在它本身；第二是 for-itself（為己），指精神為自己，因此，它必須出去，以相對於自己來為己；第三是 in-and-for-itself（在己又為己），是說精神走出去之後又回歸自己本身。

黑格爾為什麼講這麼複雜的詞呢？其實道理很簡單：如果宇宙是一個精神，這個精神一定是「活動的」（注意：物質是「死寂的」），因為精神的本質就是活動。譬如，一個人在進行思想活動時，思想一定是活的，絕不能說我在思想，卻又說思想是停頓的，並且，思想本身就不斷地在自我超越。而我在想一件東西，一個人，是我自己在想的，這即代表了思想活動本身在於肯定自己，同時又在於超越自己，接著再回來肯定自己；其本身就是一個辯證的、循環的過程。

由這個背景來思考黑格爾，就有下面一系列的思想。

凡實在的都是合理的

邏輯，一般來說，就是「思維的規則」、「思維的方法」，所以邏輯是思想的過程。如此，代表它一定是來自精神的作用。既然邏輯是來自精神的作用，而宇宙的本體又是精神，所以，邏輯即為宇宙本體的活動規則。但是，宇宙本體的精神，除了這活動的規則外，根本沒有其他東西，因此，邏輯成了形上學。

那麼，什麼是「形上學」呢？探求宇宙萬物的本體是什麼？就是「形上學」。它的英文是Metaphysics，這個字的後半部physics是物理學，但古時候的物理學，是指對自然的研究。自然界有具體的東西在變化活動，對其加以研究的，就稱為自然哲學或物理學。研究這個層次之後，覺得不夠，因為你只能看到變化的世界，而看不到它背後的東西，背後的東西要比變化的世界更真實，因為變化代表它本身不可靠，所以，「形上學」是研究變化世界背後的東西。Meta就是「在……之後」的意思，所以「在物理學之後」就是「形上學」。

這聽來似乎很玄妙，其實我們日常生活中就有類似的經驗。例如，你認識一個人，他的表面（化妝、偽裝、笑裡藏刀等）所顯現的，常會令你猜測他的內心到底在想什麼。這種「到底是什麼」就是對本質的追求，而且你知道一定有本質這個東西。倘若沒有這個東西，他本身就一直在變，變到最後，都不知道自己是誰了！所以，人一定有一個「心」在裡面，但是表面看不到。

我們研究萬物也是一樣，我們看到萬物充滿變化，但到底什麼才是它們的真相呢？這種探討就是所謂的「形上學」。

再回頭看黑格爾的哲學，既然邏輯是研究思想的規則，也就是探討精神活動的規則，並且宇宙本身是一個精神體，那麼，你研究邏輯，就是研究精神活動的規則，也就是「形上學」了！所以，邏輯與形上學兩者，在黑格爾看來，是一致的。這是黑格爾哲學的獨特之處。

邏輯即是形上學，這僅是「絕對精神」的初步顯示。這兒的「絕對」，意思是「唯一」，因為宇宙的本體就是精神，宇宙只有一個，精神也是唯一的，所以也就是「絕對」的。絕對精神的初步顯示，即是要問精神在它本身是什麼？它本身有何運作的規則？這也就是邏輯所要研究的，亦即停在「在己」（in-itself）的階段。

黑格爾哲學有很明顯的辯證模式，他採取「正、反、合」的三分法：第一步研究「邏輯」，緊接著研究「自然哲學」，最後才研究「精神哲學」。所以，黑格爾哲學的大綱相當清晰，也相當系統。而在瞭解「邏輯」之後，我們就要接著看「自然哲學」。

自然哲學

我們活在世間，在自然界中見到各種現象，黑格爾對此怎麼提出解釋？這是我們想要瞭解的。

我們知道，自然界明明都是有形可見的物質，那麼精神怎麼辦呢？黑格爾於是強調：自然界之物質，是精神「為己」（for-itself）必經的過程。因為精神體本身不斷地在活動，亦即精神的本質是活動，像火一樣，一旦火熄了，就不是火了。那麼，精神在它本身時怎麼活動呢？所以，它一定要離開它本身，然後再回來。但精神體是唯一的，它又怎麼能離開自己？且離開自己又去哪裡呢？「大自然」由此出現。黑格爾說，精神體離開自己而表現出來的，就是「大自然」。譬如，我們看到花開花落，就是精神體的表現。花本身的開落並不重要，重要的是山河大地、宇宙萬物，都是精神體的表現。這是黑格爾設法解釋自然界的論點。然而，儘管大自然是精神體的表現，但它也是精神體的墮落和異化。所謂「異化」，就是從自己走出去，本來是合一的，現在則分裂了。

所以，「自然哲學」這個部分，僅是整個精神哲學的一個階段，它只是一個必經的過程，最後一定會被超越。

那麼，這種說法的目的何在？是為了解釋自然現象。我們知道，哲學是要解釋一切的。黑格爾就是要以其哲學系統，指出大自然本身沒有獨立存在的價值；大自然的價值，只是做為精神活動的一個「場地」而已。也就是說，提供一個先決條件，讓精神可以從事回歸自己的活動。簡單說來，精神的本質是活動，而活動的目的在於回歸自己；然而，為了回歸自己，它必須先離開自身，因此它必須讓大自然開展出來。

黑格爾這個系統十分完美，而且不會產生身心二元、心物二元，或精神與物質的對立，因為全部一體是精神。於是，你看大自然時，總會看到精神的曙光。因此，我們便可明瞭什麼是精神的外顯，什麼是精神的墮落，在這個過程裡面，就能知道什麼是「凡實在的都是合理的」。換言之，任何東西的存在，背後都有一個精神在運作。既然都是精神的運作，當然都合乎理性。用我們的經驗來說明，任何事情的發生，必定是事出有因；佛學也講「因緣」，任何事都是因緣所造成的。這就是「合理的」，即合乎「理性」，是可以去加以理解的。反過來說，凡是你可以加以理解的東西，就是實在的東西，這就需要進一步反省了。

例如，有人覺得《辛德勒的名單》這部電影太殘酷了，納粹實在慘無人道，殺了六百萬猶太人。但是如果接受「凡實在的都是合理的」這種觀念，那麼納粹殺人一定是有理由的。但是，有人發瘋，算不算是理由？人有理性，就有可能發瘋。如果人是非理性的話，本身就沒有發瘋的問題，我們不會說一隻貓、一隻狗發瘋，因為牠們只有動物本性，而人有理性，所以可能發瘋，變成非理性。這說明像屠殺猶太人這件殘酷的事實，都可以找到一些理由來解釋，但我們對於這種解釋能不能接受呢？當然不能接受！因為如此一來，做壞事的人都可以找理由為自己脫罪。一個殺人犯可以說我正好有刀，又正好出現一個人，所以這個人被刀殺了。如此一來，變成唯有強權才是公理，只要你把事情做了，你也就成功了。這顯然無法對人的道德作出任何基本的肯定。

那麼，黑格爾這樣講是什麼用意呢？他絕不是否定我們的自由，他只是要說明：凡是在自然界中出現的東西，一定都是精神力量的表現，所以它應該是合乎理性的。

但是，假如出現怪物呢？譬如，非牛非馬的動物出現，這時該怎麼辦？黑格爾承認，自然界可能發生意外，所以可能會出現怪物。為什麼要這樣講呢？因為精神本身代表自由，相對於此，自然界就是必然的、不自由的。如果整個世界是必然的世界的話，它與人的精神顯然就會相互矛盾，於是要說精神墮落了，目的是為了使精神再回到自己。

所以，宇宙萬物的本體，就是一個絕對精神，精神的本質就是活動，活動一定要離開自己，而離開自己的目的是回歸自己。在離開自己的時候，必須開展出大自然，讓自己可以在裡面運作，然後再回到自身。這是黑格爾講絕對唯心論的基本觀點。我們聽起來，覺得好像離我們的生活很遠，但是仔細思考就會發現，只有這樣才能承認宇宙有個目的，甚至歷史發展也有個目的，否則根本找不到歷史的理由，無法回答歷史為什麼要這樣發展下去的問題。朝代興亡，社會的成敗，甚至人的努力是為了什麼，這一切都出了問題。而整個大自然的存在是與精神對立的，它代表著物質的世界、必然的世界；但我們的心靈又是自由的。如此一來，像康德一樣，可以區分成兩個世界，然而，這兩個世界怎麼合一呢？這是個很大的問題，卻一直無法解決。

絕對唯心論的出現，就是因為二元論本身的問題不能解決，最後必須歸結於一，思索到底哪一邊才是正確的。馬克思是黑格爾後輩的學生，他卻主張辯證唯物論，與黑格爾絕對唯心論針鋒相對。為什麼會有這麼極端的立場？就是為了說明最後只有一個原理。假如你有兩個原理的話，等於不負責任。人活在世界上，世界和人有什麼關係？人本身有身、心兩個力量，到底哪個應該做主？這些都不能判斷了。

如果主張絕對唯心論，人的世界就很清楚，要完全以發揮精神或心靈的力量為主，人就不能只是吃飽喝足而已。但是我們也知道，我們不必主張這種哲學，也不會光是吃飽喝足而已；只不過不主張這種哲學的話，對於精神方面的肯定就比較軟弱，經常會找些藉口，好讓自己待在各種物質的需要裡面，而忽略了精神才是人的生命意義之所在。我們能不能既要生活很舒服，又要精神享受很高？這在許多哲學家看來，是不可能的事情。因為人生就是一個不斷掙扎與衝突的過程，而掙扎與衝突正是精神的本質。如果人生是精神與物質各佔一半，哪裡會有掙扎的問題？因為物質絕對不會掙扎，它只是讓你沉淪下去而已。這就是墮落。精神就會反省應不應該墮落？既然有應不應該的判斷或考慮，那麼，人的本質就是精神，所以應該讓精神能夠充分發揮，使物質的約束及吸引越來越少。所以，人生的目的，即在於儘量降低物質的欲望，而不斷提升人的精神境界。

前面提過，黑格爾哲學分成三部分：邏輯學、自然哲學及精神哲學。前面兩項已經談過，現在要介紹精神哲學。

黑格爾認為，整體存在的目的，就是絕對精神透過我們人這種有限精神，再回到自身，也就是「在己又為己」（in-and-for-itself）的過程。意思就是要我們人去瞭解哲學，研究什麼是絕對精神。研究成功的話，就代表我們可以透過我們的有限精神看到絕對精神，就好像絕對精神透過我們而看到它自己一樣。

如果有人是基督徒，下面這句話應該很容易理解。神學家說：你們所看到的神，就是神透過你們的眼睛所看到的神；你們所看到的自己，就是神透過你們的眼睛所看到的自己。我們看這個世界，就是為了瞭解世界背後的偉大的神。所以，我看的時候，並不是我在看，而是神透過我的眼睛在看，讓我看了之後，知道神的光榮和偉大。為什麼要透過我來看呢？因為透過我，才能顯示我這個有限生命被他消融，被他提升而轉化。我們或許想問：何必如此麻煩？有限精神怎麼教都不會，而且經常背叛，為什麼絕對精神不自己看呢？這等於是說，根本不用創造了！不要有宇宙出現了！

事實上，我們要考慮的是：世界已經出現，早已存在了，人類也出現了，所以不應該問神為什麼要創造，應該問的是：我們已經出現，但我們應該做什麼？這才合乎人對生命意義的追求。

精神出現的過程，亦有三個階段。黑格爾一貫的方法是辯證法：「正」、「反」、「合」。譬如，in-itself 代表「正」，與之相對的 for-itself 則為「反」，最後的 in-and-for-itself 即是「合」，精神回到了自己，但這時的自己已和先前的自己不同。這是很難描述的。有人用佛教的說法來比擬：在修行前，見山是山，見水是水，這叫作在其本身；修行的過程中，見山不是山，見水不是水，變成否定自身；修行的結果，山還是山，水還是水。請問：第一個境界和第三個境界有什麼差別？有人問鈴木大拙，他說：沒有什麼差別，只是第三個階段時，雙腳離地比較遠一點！這是他對一般人的回答，而且他也知道一般人未必聽得懂。但是，我們看有沒有差別呢？當然有差別。而這正是運用「正」、「反」、「合」的方式，在「合」的階段好像回到了「正」，其實已經不一樣了，因為你已經知道什麼是「反」。你在「正」的階段時，並不知道什麼是「反」，這與「合」已知「反」的內容，當然不一樣。

精神出現的過程，也分作三個階段：第一是「生魂」。「生魂」是指「魂」而言，是精神的睡眠狀態，人與動物皆有。「生魂」代表直接的意識，但還未到反省的意識。第二則是「意識」。這個時候，精神已提升到自我的意識了，可以把自己當作對象，而意識到自己。第三個叫作「精神」。這一層更高，是把自己當作主體來加以肯定，進而展開個人的價值和自由。關於自由，黑格爾在歷史哲學中曾經考察它的起源，大意如下：「非洲與東方的所有地區都未曾有過，也尚未擁有這種觀念。希臘人與羅馬人、柏拉圖、亞里斯多德與斯多亞派學者，並未擁有這種觀念。相反，他們只認識到人（做為一個雅典或斯巴達的國民）生來實際上即為自由的，或者經由品格、教育或哲學的力量，而成為實際上自由的（智慧的人即使當他為奴與被囚時，亦是自由的）。這種觀念經由基督宗教而進入世界；照基督宗教的看法，個人本身就具有無限價值……也就是說，人的『在己』即被命定有最高的自由。」這是就個人做為個人加以肯定，因為個人已有精神層次的表現，可以在理性上自我認定。

這種三分法，事實上是要凸顯出人的精神是怎麼出現的。黑格爾的哲學，一開始先說，邏輯學研究的是精神之在它本身，自然哲學研究精神之為它本身。它本身必須出去，這等於是研究大自然，這又分為三類：機械學或數學、物理學和機體學。機械是指拼湊的組合，物理學則注意到動力，機體學則進入生物學了。在自然哲學之後，進入精神哲學。精神哲學從生命開始，要設法到意識，最終到精神，等於是要解釋所有的東西，把它們納入一個大的系統。

這個系統是否成功？在科學領域中或可作另外的研究。而像這樣把一切納入系統，作用在什麼地方？這就是我們下面要說明的。

個人與社會

人的精神出現之後，首先產生的是「私產」。「私產」的英文是Property，我們每一個人都有。為什麼先談到財產？因為人的精神出現之後，有了自由，第一步就是要掌握具體的東西，以表現自己的自由。也就是說，如果我一無所有，我就等於一無所是。假設一個人很窮，除了身上的破衣服之外，什麼都沒有，他有自由嗎？相反，一個人擁有許多東西，他才有自由。因為自由是指意志加在客觀的東西之上，意志若不能加在任何東西之上，那麼自由就是空的。你若不能擁有任何東西，你的意志就是落空的；你擁有了東西，你才能得到或是放棄。所以，自由是意志伸張的範圍，而意志必須要有其他的客觀東西存在，才能使它的力量表現出來。所以，黑格爾強調：一個人有了自由之後，第一步就會擁有私有財產，因此私有財產是人天賦的本能需求。

有了私有財產之後，這是你的，那是我的，我們可以交換，這時就需要「契約」。在此，「契約」的意思是廣義的，亦即交換的行為。如果沒有自由，沒有私產，就不可能有交換的行為，也就不可能有契約出現。所以，契約就變成社會生活或經濟生活的基礎。譬如，共產社會中的人民公社，依然還是有自己的衣服、自己的飯票、自己簡單的家具。共產主義為什麼要打破私產呢？是為了破除人們自私的心理，因為有了私產後，就會累積自己的財富，甚至為此而不擇手段，變成窮者越窮，富者越富。

這一事實說明了還是順從人性的趨向比較好。人有什麼趨向呢？人有精神，精神的自由首先一定表現在擁有上面；什麼都沒有的話，自由就是空的，根本無法使意志加在任何東西上面。有了自由之後，可以擁有私產，有了私產就會有契約，有了契約，則會有「是非」出現，例如買賣上當了。一個社會為什麼需要法律？就是因為有私產、有契約、有是非之故。如果沒有法律，社會秩序就沒有辦法維持。黑格爾在此進入了人的社會題材。

黑格爾所謂的「道德」，需要和「倫理」分開來談，因為道德偏向主體的自覺，倫理則偏向社會行為的互相規範。

談起道德，第一步是「自由」。這裡所說的「自由」和精神的「自由」不同。這兒的「自由」是指在道德抉擇時，不受權威的左右，而必須為自己負責的自由，也就是自主性，或是自律性的自由。

談到自由，一定要有「良知」。「良知」是個重要的觀念，黑格爾的定義很特別，他說：「良知表現了主觀的自我意識之絕對權利，就是在它本身並且由它自身就知道什麼是正義，什麼是義務。除非親自認知某樣東西是對的，否則就不以為它是對的。並且肯定它所知道及它所意願的是善的，就正好是正義的與應當的。」

這段話指出「良知」首先必須真誠，我若真誠思考反省，發現一事是對的，它本身應該就是對的。這裡我們必須說清楚，因為「良知」很容易流於自由心證，譬如，許多人喜歡強調「我做事是憑良知的」，然而這種說法並無價值。你做事憑良心，而別人也憑良心，兩人意見不同就打架了，又該怎麼辦？所以，良知很容易有主觀的判斷。黑格爾有鑑於此，特別指出：「依賴純粹主觀的良心，將會成為潛在性的惡。」換言之，人一定要真誠，但是同時不可忽略「有組織的社會所定的規範」，同時，也須尊重別人對良心的肯定。因此，從道德上來看，一定要有良知，而這種良知是真正去反省什麼是對的，什麼是錯的，不是為了任何外在的理由。由這一反省所得，對我來說，就是真正的對和錯，這是無法改變的。

第二步，你過了一段時間之後，可能會後悔，覺得當初過於武斷，雖然當時很真誠，但現在看來錯了。你雖然後悔，但是後悔的不是你以前的堅持，而是你的堅持為何與外在的實況不一樣。因為真誠是不容後悔的。倘若對自己的真誠都懷疑的話，那麼我還有什麼標準呢？就不要有主見，一切聽別人說就算了。這樣做與道德無關，比較上是屬於倫理的。要是談到倫理，那就只有社會性的價值，而道德才有個人自我要求的價值，這個區分對我們非常有用。

此外還有「意圖」。一個人做事時，他的意念到底是什麼，動機又如何？這也是不可忽視的。至此，一個社會的開展漸漸浮現了。

談到人的社會倫理，第一個領域就是家庭。個人從家庭中出生，家庭有成員，成員的關係是血緣，血緣使其成為一個整體，而這個整體本身有個向心力，有時為了家庭的理由而和外界對抗。但是這種家庭關係，本身並不能長期維持，因為每個成員會慢慢成長，成為大人而進入「市民社會」。

「市民社會」的形成，是因為一個人在家庭裡面，到了一個階段之後，成為獨立個體，就要進入社會，扮演市民的角色。這時候，他又必須把家庭裡的關係和社會中的關係設法作一區分。因為家庭的要求與社會的要求並不一樣，家庭可以講父慈子孝、相親相愛，社會則比較講究權利和義務，以及法治社會中的各種外在要求。

再進一步，比社會更大的是「國家」。國家是一個主權團體，就像一個人一樣，它本身具有自由意志，實踐某些應該做的事情。黑格爾哲學對於個人並不是看得很重，他要把個人推到國家，所以他的思想傾向於君主立憲，而不強調民主選舉。因為大家選舉出來的，未必是理想的；而君主比較能與傳統結合，像英國有女王，日本有天皇，就是標準的君主立憲。而女王、天皇代表傳統的產物，代表這個國家發展有一定的脈絡，不能把它完全打散再重組。這是黑格爾對國家的觀點。由專業的語言來說，國家是「有自我意識的倫理實體」，它是「做為實體意志的倫理心靈，自己呈現給自己，自己明瞭自己，它思想、認識它本身，並就它所認識的程度，來完成它所認識的。」因此，當國家意志與個人意志牴觸時，前者必須勝過後者。但是這並不表示國家至上的集體主義。他特別堅持一點，就是：成熟的或發展良好的國家，必定保存那通常意義的個人自由原則。唯其如此，群體與自我才能維持和諧而有活力的關係。

黑格爾很自負，認為自己是所有哲學的集大成者；甚至整個人類歷史，在他的系統中都可作一合理的說明。這是哲學家偉大的氣魄與野心。黑格爾的哲學使人覺得，人活在世上的目的就是要念懂哲學，用純粹的理性或概念，來解釋所有的事情。所以，黑格爾是一位典型的哲學家，因為他把哲學抬得最高，而他所架構的哲學，也是西方最完美的哲學系統。以前柏拉圖的《對話錄》，並沒構成一個嚴格的系統；後來的康德，破壞與建設一起來，而走上道德形上學，透過道德實踐的要求，肯定人的自我，但並未能如黑格爾的系統，將整個宇宙、歷史，完全合成一個整體，成為大一統的思想。

藝術．宗教．哲學

在精神表現的最高層次，黑格爾以「藝術．宗教．哲學」為代表，其中也有「正、反、合」的關係，我們分別說明如下：

黑格爾對藝術有何看法？藝術的主題是「美」，但是，整個宇宙是一個精神體，因此就沒有所謂的自然美了，這是黑格爾所強調的。自然界如果有美的話，是出於「誤會」，所以我們不應該以自然為美。那麼，什麼是「美」呢？藝術是美的，這是黑格爾的原則。因此，自然沒有美的問題，它只是存在而已，是做為精神活動的場所。

精神的活動又是什麼？譬如，人的精神在自然界活動時，看到了什麼？如果在自然界中看到精神的意義，看到精神的內涵，那麼就可以說自然是美的，但是美在於精神的意義與內涵。自然界是個形式，它所要表現的是精神的內涵，所以重要的還是藝術的美。

黑格爾認為，美就是精神以感性的方式顯示它的外表。美一定牽涉到感官能力，如看到顏色，聽到聲音，觸到了感覺，這叫作「美感」。美感一定來自人們的感受能力。所以，黑格爾強調：美就是精神之感性的外貌。他說：「藝術的工作是在感性形式裡（而非在思想或純粹精神的形式裡）把觀念呈現給直接的直觀。而此項呈現之價值與高貴，在於理想的內容與理想的具體表現二者的符合與統一。因此，藝術的完美與卓越以及藝術作品可以符合藝術的根本概念，所依賴的是：理想的內容與感性的形式，兩者相互滲透以形成內在的和諧與統一程度。」

精神本身，本來沒有所謂感性的外貌，但為了配合人的感官能力，就顯示出感性的外貌，讓我們的感官可以欣賞到。所以，真正的藝術品，一方面有感性的形式，一方面又有精神的內涵，這兩者要配合起來。而所謂的感性形式，就是可以被我們的感官所掌握到的；精神內涵則是指精神體本身內在真正的東西和力量。藝術，就是依兩者比例而定其高下，其中可以分為三個階段：

第一個階段是比較原始的藝術，它的感性形式超過精神內涵，因而顯得有點含混，有點神祕。最為具體的代表，就是「象徵藝術」，亦即「建築」。譬如，著名的獅身人面像「斯芬克斯」（Sphinx），它本身代表著一個謎語，認為人與獅（即大自然）結合，而成為一個整體。它代表了好像一個人想從獅子裡面掙脫出來，等於是人還沒有辦法從大自然的包圍中凸顯出自己的個性。有個性才有精神，在象徵藝術中，代表了絕對的精神可以設想一個唯一的、神祕的，且不具形式的整體——自己，於此只能暗示而無法表現精神的存在。

到了第二個階段，感性形式與精神的內涵已融合成一個和諧的整體，它的代表是「古典藝術」。最著名的古典藝術，就是希臘的雕刻。希臘雕刻所呈現的，都是典型的俊男美女，身體所留下的任何碎片，如一隻手，或者沒有手臂的半身，至今要複製都做不出來。希臘人在雕刻時，都是以完美的人做為模特兒，目的是要透過對人的掌握而掌握到神。所以希臘人的神，就是人的完美化。而這時的藝術，就是要把精神與有限的身體，配合得恰到好處，因此要以完美的人的雕像為準。人的身體成為精神清楚的表達，也就是說，身體已成為人的身體，具有個別的樣子，而一有了個體，就代表人的理性、人的精神也展現出來了。人的精神雖然是有限精神，但絕對精神已經在這有形的、感性的對象中，表現出它的個別性。

第三個階段則是精神的內涵超過了感性的形式，這時稱作「浪漫藝術」。浪漫藝術所要表現的是精神的無限性，它不能受到感性形式的約束，甚至必須超過，並且滿溢出精神的光輝。顯然，這個藝術境界更高，也就是它不再受到感性的面紗所遮蔽。因為不管感性與精神配合得多麼恰當，都會使精神受到束縛，因而精神必須超過感性形式，變成浪漫藝術。黑格爾認為，浪漫藝術所關心的是精神之生命，它是運動、活動與衝突。精神可說是必須死亡以得重生。換言之，它必須過渡到非它本身之處，使它可以再次成為它自己。這項真理在基督宗教裡表達出來，就是基督的自我犧牲與復活的教義。而最適合用來表達運動、活動與衝突的是繪畫、音樂與詩。尤其是詩，因為詩是用文字來表達，而繪畫與音樂都比較具體些，所以詩是最高的境界，讓人透過文字而去感受精神的力量。

舉例來說，古代有神殿，近代基督宗教則有哥德式的教堂。為什麼稱為哥德式呢？因為它本身立足於地上而高聳入雲。事實上，其建築結構的上方有一半是無用的，只能住一些鴿子，但為何還要蓋那麼高，浪費那些建材呢？它是要讓你把地與天連接起來。這與希臘神殿不同，希臘神殿建得四平八穩，他們選擇建神殿的地方都是背山面海，讓人覺得渾然天成，好像這兒本來就該有座神殿似的。而後面的山代表穩定，前面的水代表變化，中間的神殿則代表人要掌握到宗教信仰的永恆對象。

中國以前的寺廟，都蓋在深山之中。譬如，要上一趟五臺山是非常不容易的，要做很多準備，一去又得幾個月，這個過程就是一個洗滌心靈的過程。旅行的過程，就是一個心路歷程，這是宗教信仰具體的表現，也是脫離世間，又與世間建立關係的特殊方法。這不像我們在路邊，轉個彎就是教堂與寺廟，看到的都是花花世界，所以早就忘了自己如何得到神的照顧，而宗教的神聖性就減損了。

我們一再強調，精神即代表活動，本身是不斷在變化的，所以我們看到「精神必須死亡以便重生」的描述，就是以黑格爾本身的信仰為背景的。

黑格爾認為詩是藝術的最高代表，這已進入超越感官世界的範圍，接著就要進入宗教的境界。

以藝術、宗教、哲學的三分來說，藝術是完全靠具體的感性對象來表達；宗教則要靠圖畫式的語言，即圖像或想像的概念來表達。譬如，在《聖經》中，有許多語言，讓你看了之後想像一個具體的形象，而事實上那只是方便法門而已。例如，上帝創造世界，第一天創造了一些，第二天創造了一些，到了第四天才創造了地球及日、月，但前面沒有日、月，怎麼計算天呢？所以，這種描寫只是圖案式的描寫，其意義僅僅在於說明曾經有過創造的活動。

又如到了黃昏時，上帝出來找亞當，找不到。原來亞當吃了樹上的果子，發現自己沒有穿衣服，覺得不好意思，於是藏到樹葉下面。但無所不在的上帝真的找不到亞當嗎？當然不是，而是《聖經》描寫的像漫畫一樣的圖像，讓人看了之後明白那是怎麼一回事。事實上，這是描寫世間人類墮落的過程，以便說明人的現狀。所以，《聖經》裡面開頭的描寫，並不是故意造作，而是因為人的現狀有各種罪惡，為了說明各種罪惡的合理性，就必須塑造一個神話來解釋，這就是宗教。因此，讀《聖經》，就要避免把這種宗教式的語言當成真理。

宗教可分為三大類型：

第一種是「自然宗教」。自然宗教中的神流於具象，他與物質世界結合，也就是傾向於泛神論：上帝就是一切，一切就是上帝。黑格爾認為這種自然宗教是落後的、原始的。這裡可以看到黑格爾的偏見，他將自然宗教分為原始的崇拜（或魔術）、信仰一個具體的神（如中國佛教），以及敘利亞、波斯等地的善惡二元之祆教三大類。他認為中國的宗教，崇拜大自然，希望在這世界上得到好的報應。這種宗教的水準是不是很低？因為它缺乏超越的性格。真正的宗教應該設法讓人走向精神，而精神一定要從物質世界提升上來。如果中國宗教真的如黑格爾所講的，的確是沒有水準。但事實並非如此。

譬如，道家說：「道無所不在。」（《莊子．知北遊》）無所不「在」，不是無所不「是」，這一字之差，就是道家特色之所在。因為當我說「道無所不在」時，是說「道」在所有的地方，但「道」不是這些東西，這些東西會消滅，但「道」不會因此而消滅。假如你說「道無所不是」，那麼「道」就譬如一朵花，這朵花消滅了，「道」就少了一點。但是如果說「道無所不在」，「道」是一種無窮的力量，東西不見了，「道」沒有一點損失，所以「在」這一字就有超越性，不受變化的影響。像道家這種思想，黑格爾當然不懂。

又如中國歷代帝王稱為「天子」，「天」是中國古代信仰的對象，這個「天」也是超越性的，黑格爾也不瞭解。總之，他對中國的東西誤解相當多。

第二種宗教叫作「精神個體性之宗教」。其意義在凸顯出具有精神的個體，這時神等於精神，但是以個體的方式來表達。也就是說，神和我們是對立的，他是我們信仰的對象，但與我們人類不一樣。黑格爾又將此類宗教分為三種：猶太教、希臘宗教，以及羅馬宗教。猶太教稱作崇高的宗教，希臘宗教稱作優美的宗教，而羅馬宗教則是實利的宗教。羅馬的神，如朱庇特，是保護帝國的安全和主權，他們的眾神各有各的功能，所以又稱為功能神。

到了第三階段，稱為「絕對宗教」，黑格爾認為這就是基督宗教。因為基督宗教的神一方面是超越的，一方面又是內在的。基督宗教的神完全超越世間，但另一方面，又能肯定世界的存在。為什麼能夠如此呢？因為有耶穌這個關鍵角色。耶穌本身是「道成肉身」，所以他是一個「神人」（God man），能把人類整個提升上去。因此，「絕對宗教」是典型的精神運作之結果，也就是說，這宗教裡面的神，完全符合精神的要求。

黑格爾認為，「絕對宗教」是宗教最高的發展，因為精神的本質與特性，可以充分表現出來。換言之，它能把一樣東西從有限回歸到無限，從特殊帶回到普遍，而把分離整個克服。

但是，黑格爾的這種說法，對我們東方人來說是很不公平的，他把佛教當作自然宗教中的第二種，顯然是對佛教的瞭解很有限。信仰佛教的人也會說：你這種分法根本毫無意義。所以，這些我們僅能拿來參考，瞭解分辨的原則是什麼就可以了。

一般而言，藝術是透過感性形式來掌握精神的；宗教是透過圖像式的概念來表達精神的；哲學則是純粹用概念來表達精神，所以哲學是最純粹的，它不會牽涉到感性的問題，也不會牽涉到圖像式的思考，而是直接把精神的本質表達出來。這種哲學，其實就是精神的展現過程，因而，哲學應該是所有的人都應該瞭解的一門學問。我們的有限精神能透過這個瞭解過程而回歸到無限的精神，這才是達到了人生的目的。所以，對於黑格爾來說，藝術、宗教並不會因其本身所欲表達的美、聖而忽略掉哲學，也就是說，他為哲學保留了一個非常崇高的地位，所以讀哲學的人會特別欣賞黑格爾。

我們通常會問：怎麼讓自己追求永恆呢？一般只有靠藝術及宗教這兩個方法。譬如，一個人覺得苦難，怎麼辦呢？靠藝術，因為藝術可以讓人暫時脫離生命的限定，對於當前的時空環境可以暫時擺脫，而音樂的效果最為直接，因為它能帶動我們的情緒。我個人對芭芭拉·史翠珊所唱的《回憶》（*Memory*）感觸特別深，因為那時正是在美國讀書最苦的時候。這首歌我在赴美前就已聽過，但沒什麼感覺，直到在美國念書時，聽了之後竟有很熟悉的感覺，加上自己的想像，於是這首歌成了我的最愛，百聽不厭。但這種經驗是無法傳承的，只能在自我生命的過程中去找尋。

所以，藝術必須透過感官的接觸才能產生效果，但這種效果是有限的。譬如，短暫的半小時，讓你暫時擺脫一些憂愁，但半小時之後問題又回來了。

宗教這條路較為徹底，但也不能太徹底，因為太徹底就出家去了。而黑格爾以基督宗教做為宗教的最高典型，也有他的理由。因為基督宗教有耶穌這個特別角色，他本身是神，後來成了人，而成為神和人的中介，並且將整個人類提升上去。這一點非常特別，因為別的宗教並不講這些。以佛教來說，根本不談神，只說眾生皆有佛性，於是要透過修行以求解脫，不再受任何的束縛，也就是不再在輪迴網裡面打轉，而能進入涅槃。所以，佛教不是依靠神，而依靠自己的智慧來解脫。但問題在於：這個解脫有什麼具體的保證呢？這是佛教的問題。因為不能有所保證，所以要靠輪迴，一世一世地輪迴，但要輪迴到第幾世才能解脫呢？也不知道。佛教中的高僧大德，可能亦無法明白地告訴一個人他已經解脫了。

基督宗教則不同，它以耶穌的身分做為具體的保證。所以講信仰的話，基督宗教的方法比較明確，因為有個典型在前面，佛教的方法則較為困難。但是，現在信仰一個宗教，不會想去尋求解脫嗎？當然會想。因此往往到了最後，本來是不崇拜偶像的，卻對於偶像特別執著。佛教本來應是最不執著於偶像的，「無我相，無人相，無眾生相，無壽者相」，「相」一定要破，不破就是執著。我們的批評是為了使宗教精神純粹一點。假如沒有善意的批評，或是沒有雅量接受批評的話，宗教將難免與世俗的利害混淆在一起，對於我們的心靈生活來說，是會造成傷害的。

黑格爾哲學是一個龐大的系統，他的著作極多，讀哲學的人，沒有幾個能完全念懂的。他的口才不大好，文筆也不大好，唯一的特色是很用功，每天就是讀書寫作，結果寫出來的東西太多，嚇倒了許多人。他的《哲學百科全書》、《哲學史講義》、《美學》、《邏輯學》都各有一大套，是一位著作等身的哲學家，他長期而深刻的影響以及他所引起的反對思潮，都是我們瞭解當代西方心靈的重要參考。

5
叔本華
Arthur Schopenhauer

1788-1860

「既不屈從愛，也不屈從恨。」

——叔本華

叔本華說：「一切真實而純粹的愛都是同情。」

人間的愛可以從自愛提升到博愛，表現廣大的同情，這代表人也可以達成神的那種愛，主要原因就是人發現萬物是一個整體。不但是人與人，就連動物、植物都一樣，眾生相連，都可以使我們表現同情的愛。

引言

時代背景

叔本華是一位相當特殊的哲學家。他的父親是個有錢的商人，原本希望他也能學做生意。叔本華覺得自己的個性並不適合經商，所以在父親過世之後，轉而學醫，可是第二年就改習哲學，因為他認為探討人生的問題更為重要。

讀了哲學之後，他對於當時盛行的德國觀念論產生反感。一八〇九年在大學就讀期間，就覺得康德、黑格爾的哲學與實際的生命脫節，所以不但沒有引發興趣，而且還強烈地加以批評。他認為哲學家應該更具體地去瞭解人的生命狀況。

一八二二年，他在柏林大學擔任講師時，黑格爾同時也在這一所大學授課。叔本華上課的時間，故意選擇與名滿天下的黑格爾上課的時間一樣，準備和黑格爾分庭抗禮，結果卻是徹底的失敗，連一個學生也沒有。最後，他只好辭職離開。這是他早期的遭遇。

儘管如此，他還是勤於寫作。他的代表作《意志與表象的世界》，一直到七十歲時才被公認為名作，而成為世界知名的大哲學家。雖然他晚年才出名，可是影響卻相當大。偉大的作曲家華格納，就很讚美他的音樂哲學；而著名的哲學家尼采，則深受他「意志哲學」所啟發。

如果從他的背景來看，我們可以簡單地說：一方面他雖是個德國人，但對當時流行的德國觀念論卻極力反對，因為他無法接受這種思想上的當權派；另一方面，當時法國拿破崙的勢力正席捲歐洲，叔本華討厭戰爭，因而設法避開，這與高喊普魯士團結起來對抗拿破崙的作為大相逕庭。所以，他的個性和整個時代的主流思想，一直有著很大的距離。由他的思想發展與哲學建構中，我們也可以看出類似的傾向。

思想背景

叔本華自認為是康德的繼承者。這是很有趣的想法。因為在西方哲學史上，通常是以康德之後的謝林、黑格爾所承繼下來的，才是學術的主流。叔本華卻自認為只有他才懂得康德。

叔本華認為，康德的哲學重點，在於「肯定人的理性只能認識現象」。因為人只能透過感官與知性的判斷來掌握現象世界，至於現象背後的本體，康德主張「不可知」，這也就是著名的「物自身不可知」的命題。這個命題並不難理解，我們用一般口語來說，就是：「我所認識的世界，就是被我認識的世界。」因為你不能認識世界本身。同理，你養一隻貓，你所認識的貓是「被你認識的貓」，貓的本身是什麼，你怎麼可能知道？我們有時以為認識別人，其實所認識的只是我們所看的這一面而已。每個人都只能按照自己的能力、自己的容量，去瞭解其他的一切。一個小學生讀書，他當然只有以小學生的程度去瞭解，如果他讀《紅樓夢》，就只記得幾個故事而已，但是當他讀到大學再讀，就不一樣了。等他五六十歲時再去讀一遍，感覺與體悟又會不同。為什麼呢？因為他成長了，所理解的程度也跟著增加了。所以，康德的思想簡單說來，就是：「我們所認識的只是世界的現象，而物自身是不可知的。」

叔本華受此影響極大，但是他認為他知道「物自身」，這就是我們後面將會談到的「意志」（Will）。眾所周知，以前的哲學大多強調理性或理智，首先重視意志的是康德。康德認為，我們的理性只能知道現象世界，但是我們的行動卻是從意志而來的。談到自由意志，才能肯定道德的價值。所以，人的道德實踐，是需要以意志來推動的。而透過意志，就是以一種實踐理性的方式去掌握人的真相，這就是康德的「道德形上學」。

「形上學」聽起來似乎很抽象，其實道理很簡單，就是研究什麼是「真」的。為了研究什麼是「真」，要有特殊的方法，康德認為這方法不能透過理性，因為理性一定要透過感官。譬如，我作一個判斷：「這是盆景。」這個判斷的來源是感官，而感官僅能觸及顏色、形狀、大小……結果只能看到「盆景的現象」，無法知道「盆景的本身」。因此，康德認為理性無法達到本體，要達到本體，只能靠道德的實踐，因為人的行動需要肯定自我的存在。

譬如，「我現在是自由的」，一定要有「自我」才會有自由，但是我怎麼肯定「自我」呢？只有在自由行動中才可掌握到「自我」是什麼。

康德認為「自我」是一個本體，只有靠「意志」才能達到本體。叔本華認為僅是如此還不夠，因為這樣只能看到自我，而不能看到整個世界，他想要解釋整個世界。

對於整個世界，黑格爾說是「絕對精神」，叔本華說是「意志」，亦即整個世界是一個大的意志在運作，我們稍後會充分說明這一點。

一八一三年，叔本華二十五歲時，出版了博士論文，同時認識了一位研究東方的學者，與他暢談印度哲學。這次晤談，使他對印度哲學留下深刻的印象，他晚年時還經常翻閱《奧義書》（*Upanishads*）。學習印度哲學之後，得到了什麼知識呢？他知道了一種觀念叫 Maya（瑪雅），Maya 這個字在印度哲學裡的意思是：「掩飾本體真相的簾帳。」譬如，本體在裡面，外面有一層簾子把它遮起來，也就是幻象。我們所看到的都是 Maya，整個世界就是 Maya 的流轉過程。

如果我們對佛學稍有瞭解，就知道這種講法並不很深奧；叔本華知道了這個講法之後，十分興奮，認為與康德的講法很接近。康德說：「我們只能認識現象」，印度哲學說：「我們看任何東西都要透過 Maya。」透過 Maya 的話你就看不到真相了。所以這兩者可以配合起來互相印證，對叔本華的影響也就更為明確了。

世界即是觀念與意志

叔本華的代表作叫作《意志與表象的世界》，英文叫作「The World as Will and Idea」，在翻譯上出現了一點小小的歧義。它的意思是：「世界做為意志以及做為表象。」他要探討的是整個世界。而「表象」這個字被譯為「Idea」，Idea 在英文裡一般翻為「觀念」，而德文的「表象」是 Vorstellung，就是 presentation。什麼叫 presentation 呢？譬如，一樣東西在我面前 presents 它自己，presents 就是「展示出來」；像這個盆景在我面前 presents 它自己，但是我看到的卻是它的 presentation。它雖然主動地 presents，我看到的它已經由 presents 變成了一個具體的概念 presentation 了，這與它原始的 presents 已經有了一段距離。

而「世界做為意志並且做為觀念」，這裡的「觀念」是「表象」的意思。「表象」分為兩種：一種是「直觀表象」；一種是「抽象的概念」。叔本華先講第一種「直觀表象」。譬如，當我聽到「蘋果」這個詞，就是我對它的觀念，這個觀念並不是指抽象的觀念，而是指它所表現出來被我掌握到的，也就是它本身，它的可知覺性就是它的真實性，這個思想在西方非常流行。例如，巴克萊（Berkeley, 1685-1753）就認為：「存在就是被感知。」一樣的道理，我們可以再問，蘋果除了被我看到的形狀、顏色、大小之外，還有什麼蘋果的本質呢？所以，一旦吃過蘋果，以後就知道什麼是蘋果了。

因此，當叔本華說「世界就是我的觀念」時，他指的並不是世界是我想像出來的抽象的觀念。世界不是抽象的、空洞的，而是具體的，它是被我的知覺所掌握的一個表象。然而要注意的是，叔本華並不是一個唯心論者，「世界就是我的觀念」這句話乍聽之下彷彿是指唯心論，認為世界是我的思想的結果，而不是它自身。他的意思乃是：世界就是它自身，而它的實在性在於被我知覺的部分。

他在《意志與表象的世界》這本書的一開頭就說：「世界是我的觀念」，如此一來，身體也是我的觀念，因為身體也是世界的一部分；再進一步，整個觀念世界，包含一切知覺者與被知覺者，就形成一個表象的整體，所以世界是一個大的現象。接著問題就出現了，如果世界是一個大的現象，那麼本體是什麼呢？所以，叔本華第一步就要探討什麼是本體？

叔本華先從人的能力開始分析。他說人的理性只有一種功能，就是我們前面所說的生物學功能。所謂生物學是指涉及生理機能，及其需要能否獲得滿足的條件。他說：一個人在世界上的各種表現中，最特殊的是理性，但是理性本身沒有任何特別的能力，它的能力只是表現在生物學或生理上的需要，並使其獲得滿足。譬如，每一種動物都有生理上的本能，可以使它生存發展，而人的本能就是理性。因為人的需要比較複雜，所以要靠理性來滿足生理上的需要。而理性的主要功能，就在於滿足生理上的需要。

求生意志是萬物的本體

為什麼人靠理性比較容易滿足生理上的需要呢？因為理性可以製造概念，而概念可以溝通、傳達，又能夠持久地保存。如此一來，我們理性的功能在於滿足個體及種族在生理上的需要，使個體能傳宗接代，讓種族得以繁衍、發展。叔本華此說的用意是：我們的理性不能超出這個範圍之外，進而掌握到本體。這等於是將理性追求知識以達到本體的進路切斷了。切斷之後，他便強調我們的理智只是意志的奴隸、僕人，只是意志的工具，而意志正代表著我們的欲望。不過，理智還有一個特色，它在滿足身體當下的需要外，會有一些多餘的能量，可以讓我們思索出其他的東西來。

譬如，原始人為什麼可以生存呢？因為他有思想，會和別人合作、團結。但他思想的所有目的，都在「維持生存」。人類的身體機能與其他動物比較起來，相差很遠，跑也跑不快，跳也跳不高，爬樹又爬得慢……如何勝過動物呢？因為我們有理智。所以，理智的作用只是為了求生存，這是很單純的。然而，理智在求生存之後，還有多餘的能量，可以想出一些東西，譬如遊戲、繪畫等藝術活動，而這種多餘的能量，使我們有可能擺脫意志的奴役。叔本華一直把意志看成是一種很強的力量，會帶給人壓力，帶給人痛苦。

所以，我們的理智在滿足身體的需要之後，還有多餘的能量，使我們將來可以從欲望中獲得解放。簡而言之，就是讓一個人成為無關心的旁觀者，而無關心就是不要一天到晚都想滿足人的各種欲望。當你想到做一件事不是為了任何欲望時，就暫時超越、解脫了。如果做任何事都是有目的，你就是被決定的，不自由的。

再進一步來看，康德認為：物自身不可知。叔本華認為：物自身就是意志。叔本華說：「想知道意志是怎麼回事，就要在自己身上找。」他舉例說：我們內在的意識，或內心所引導的知覺，可以帶領我們通往真理，這才是唯一的路。譬如，詢問到底什麼是宇宙的真相呢？宇宙包括你我在內，那麼什麼是我的真相？這只能從自我意識的反省裡面去找。譬如，我現在發現，我的所有行動是由我的意志促成的，所以我肯定身體的行動是為了執行意志的命令。於是，我的本體就是我是意志。那麼身體與意志有什麼關係？原來身體只是意志的一個表面現象而已。把意志客觀化，就變成了我的身體。所以，我們看到的每一個人都是意志在運作。譬如，你看到一個人走在路上，這正是他的意志在表現，因為走路只不過是外在的行動，他一定是想要去哪裡，才會有所表現。一個人與你揮揮手，一定是他的意志命令他揮手，他才會揮手，以表示友善。所以，叔本華的說法是：任何一個行動都是由意志在裡面操縱。因此，他強調我們想知道宇宙萬物的本體何以是意志的話，就要從瞭解自我意識開始，瞭解自我的內心有一個意志在運作，由此造成身體的運動，然後會恍然發覺，一切都是意志本身在表現而已。

因此，我們的整個身體，就是被客觀化的意志。客觀化就是具體化，讓你可以看到。但是意志本身是看不到的，所以身體就變成意志的表現。譬如喜、怒、哀、樂，這絕不只是我臉上的肌肉在運作而已，一定是有意志在命令我表現某種情感。倘若再進一步推論，整個世界、一切現象，都只是一個大的意志在表現，這就是叔本華的形上學。他認為整個宇宙就是一個大的意志，這個大的意志是從自我的內在瞭解所衍生出來的判斷。

悲觀主義

那麼，什麼叫「意志」呢？意志就是盲目的衝動、無盡的追求、永恆的變化。意志就是求生的意志（The Will to Live），我們知道尼采講過：「The Will to Power」這是從叔本華學來的。叔本華是第一個強調「The Will to Live」的人。所有有生命之物，第一個任務就是要「自我保存」（self-preservation），螻蟻尚且偷生，向陽花木易為春，這些均說明求生的意志本來就是所有生物的正常表現，只是叔本華把它講得很極端，認為「整個宇宙就是一個求生的意志」。這樣講的後遺症就是出現「悲觀主義」，所以我們也稱叔本華為「悲觀哲學家」。

何以會悲觀？假設宇宙真的是一個大的意志，而意志就是盲目的衝動、無窮的追逐，一直處在變動之中，永遠無法滿足、平靜，這會造成什麼結果呢？人活在世界上，所謂的快樂與滿足，只是欲望的暫時終止；在這種情況下，幸福只是暫時解除痛苦與缺乏而已，人生哪裡有幸福可言？所以幸福一定是消極的，而不是積極的。消極的意思是指幸福只是暫時解除痛苦；什麼叫積極呢？就是真正享受到快樂。

人生真的有積極的幸福嗎？我們有時會羨慕那些有錢的人，認為他們很幸福。有錢人有他們的痛苦，沒有錢的人，痛苦比較單純，就只是沒有錢這一點；但有錢人的痛苦花樣繁多，怕小孩被綁架，怕股票下跌……實在比我們可憐多了！沒錢的人，只要用錢稍微節儉，其他問題也就不大了。

由此可見，每一樣東西都是意志的客觀化表現，都是為自己的存在而犧牲別的東西。譬如，我們有時說不應該吃葷的，應該吃素的。但是，「應該與否」往往是由能力決定的。牛為什麼要吃草呢？你說牛吃草很好，但草也不喜歡被吃啊！而草植根於土壤，吸收養分，但養分也不願被草吸收。所以宇宙萬物都一樣，都是以一個自我為中心，來維持生命的要求，這個要求就必然會侵犯到其他的生命，因此整個宇宙是一個衝突的場所，戰爭其實就是世界的本質。這個戰爭不是指打仗，而是指衝突、競爭，生物之間互相的鬥爭就是生存的本質，沒有任何時候可以停下來。

這樣說來，意志本身帶來個體之間的互相衝突，那也是意志在折磨自己啊。而最嚴重的是在人的世界裡，所有的折磨都來自人自己，人最怕的是人，因此叔本華說：「人為人是豺狼。」這句話原本是英國哲學家霍布斯（Hobbes, 1588-1679）所說的，被叔本華再度引用，但是意思不同。叔本華的意思是，人的本質是意志，意志就有自我中心的傾向及利己主義，利己就一定會傷害別人。譬如，我現在要吃飯，我多吃了一點，別人就少吃了一點，為什麼要我客氣呢？叔本華就找不到客氣的理由。如此一來，人與人之間一定是互相鬥爭的關係，這是他理論發展下來必然的結果。因此他敘述人與人之間的關係，比但丁（Dante, 1265-1321）所描寫的地獄還要可怕。

在叔本華「宇宙的本質就是欲望」的理論之下，沒有人能逃得出這種處境，因此他認為有必要成立國家。人都有自私的利己主義，都有貪欲，都是冷酷、殘忍的，國家的存在就是要使這些劣根性變得比較可以容忍。國家為什麼要有法律？警察維持公權力目的又何在？就是為了使個人的私欲能夠減少一點，而不至於傷害別人。

以前有人說國家是「必要的惡」，其實不必如此悲觀，因為國家是為了要使人性之中的惡，不至於過分地發揮出來，否則強凌弱、眾暴寡、富欺貧的情況就難以避免了，而這種惡性循環將會導致社會的崩潰。故而叔本華的悲觀哲學，依然有它的啟發：他把人性看得非常負面，既然如此，你就不能太樂觀，並且對任何事情均作最壞的打算。如果你常常注意到最壞的想法，在獲得一丁點快樂時，就會十分滿足了。這是叔本華悲觀哲學的正面意義。

美感默觀

所謂「美感」就是「aesthetic」，「默觀」就是「contemplation」，沉思、默想，專注地去思考某些問題。「默」代表不講話；「觀」就是用思想去觀照。叔本華認為，要讓一個人在一生中得到快樂，只有兩個方法：一是「美感默觀」，二是節制自己的欲望，也就是「禁欲」。第一個只是暫時的方法，第二個比較根本。我們先談「美感的默觀」。

「美感的默觀」是怎麼來的呢？它來自我們先前談到的：人的理智有能力發展出超越身體需要程度之外的一些多餘的能量。如果只是為了滿足當下需要而去設想的，就會有利害關係；如果不是為了滿足當下需要，就不會有利害關係，沒有利害關係就叫作「無關心」，但這不是不感興趣的意思，它的英文是「disinterested」。舉例來說，一幅畫裡有一個蘋果，我看了之後會引起食欲，這叫作有關心。無關心的狀況是指我看了這個蘋果之後，不會引起任何欲望，我根本不想得到這個蘋果，也不想去瞭解它。「uninteresting」是不感興趣的，叔本華的「無關心」卻不是不感興趣的，這要如何瞭解呢？「美感默觀」就是要讓一個人成為「無關心」的，但不是「不感興趣」的旁觀者。我們對於宇宙裡發生的事，我們周圍的許多現象，能不能保持這種態度呢？如果能夠做到這一點，就有了「美感默觀」。

因此，「美感默觀」是兩方面的配合，一方面沒有什麼現實的利害關係；另一方面又不是不感興趣，而是要透過它來讓你消除欲望的束縛，讓你對它的欣賞超越對它的需要。譬如，我已經吃飽了，就不會再想吃畫裡面的蘋果，但肚子非常餓時，畫餅都可充饑，更何況入木三分的畫中食物呢！而你吃飽時，絕不會想要吃畫中的食物，這叫作「無關心」。但是，你又不是不感興趣，如果你不感興趣，又怎麼會去看它呢？所以「美感默觀」需要這兩方面的配合。

接著，談到「默觀」的時候，我們要問：到底「默觀」什麼東西呢？在此叔本華受到柏拉圖的影響。柏拉圖哲學裡談到了「理型」，也就是「Idea」，外文裡都是「Idea」同一個字，翻譯卻有好幾種，這是因為不一樣的時代的人，對「Idea」的瞭解不一樣。

柏拉圖哲學裡最重要的觀念是「理型」，「理型」不是我們想像出來的，也就不是主觀的。柏拉圖的「理型」不但不是主觀的，反而是客觀的。如果我們只看一物的外表或形體，它一直在變化之中；但是我們以理性去瞭解它的話，它永遠不會變。如此才能建構知識。譬如，我們討論蘋果屬於哪一種植物時，如果就知識而論，就不是你看到的蘋果，而是你可以「瞭解」的蘋果。你可以瞭解的蘋果，就是蘋果的「理型」，你看到的蘋果，則是蘋果的現象。現象是不斷在改變的，因為沒有任何兩個蘋果是一樣的；但是，蘋果的「理型」是永遠一樣的。可是，為什麼個別的蘋果不一樣，而蘋果的「理型」完全一樣呢？這就是因為我們要建構知識，非如此不可。所以，我們去瞭解蘋果，不是去知道個別的蘋果，而是去明白蘋果的「理型」，也就是蘋果本身。

叔本華在此借用柏拉圖來說明他的想法。他認為，一個藝術天才要如何才能稱為天才呢？首先他要瞭解觀念，並且把它表現在作品裡，而這個觀念指的就是柏拉圖的「理型」。譬如，一個藝術家去畫一個蘋果，他是把這個蘋果的本質畫出來，讓所有的人看到之後就知道它是一個蘋果。所以，藝術家就是能夠把握住永恆的觀念，並且把它用藝術的手法表現出來的人。而一般人，也能夠在欣賞的過程中獲致「美感默觀」，但這是需要長期的訓練的。

所以，能不能透過欣賞的過程而掌握住某一對象的觀念，無疑是最重要的。如果可以做到，就表示你在掌握住觀念的那一剎那，不再受到欲望的控制。因為在掌握住觀念的時候，你是「無關心」的，而不是「不感興趣」的，如此就使你得以擺脫身體及生理方面當下的欲望的控制。

人的本質和宇宙萬物的本質一樣，都是欲望，要如何擺脫它呢？只能透過這種「無關心」而又不是「不感興趣」的活動，而這種活動只有在欣賞藝術品的時候，才可能出現。

除此之外，還有什麼情況會出現這種活動呢？有人說是追求知識，但求知本身就是一個欲望的表現，並且我們也知道學海無涯，書讀越多越覺得自己匱乏，結果反而更憂愁了。我們認為人有三種潛能：知、情、意。意就是意志、欲望，給我們帶來災難；知就是理智的運作表現；情如果放在人世間，也是個問題：只有把情感轉化為「美感的默觀」才是唯一的出路。所以，如果你對這個世界還有所肯定的話，叔本華認為只有一條路可以走，那就是「美感的默觀」，對很多事情不要介入太多，得失心不要太重，如果能像旁觀者一樣就好了。

這一點能不能做到呢？當然可以。例如，你下班回家搭公車時，路上堵車，你就要想想早一點到家和晚一點到家，就整個人生來看，其實沒有什麼差別。今天你遲到了又怎麼樣呢？這件事你做得很好又如何呢？事實上，想開一些的話，什麼事情都可表現出無關心的態度，這時你的修養就不一樣，馬上會有特別的審美情操出現。被老闆罵幾句有什麼關係？反正老闆就是要罵人的嘛！這事做不好，再加把勁就好了！今天做不好，明天再做吧！這樣一來，就大幅降低功利心態，自己也可以活得快樂些。

如果一個人從小到大，有過許多欲望，而且都得到滿足，可是他還是不快樂，因為欲望繼續不斷產生！我們每一個人都曾說過，只要得到什麼東西，或者跟某人一樣，此生足矣！可是往往達到了目標之後，依舊無法滿足。因為我們總是以未來的目標來欺騙自己，要努力奮鬥達到那個目標，但是這一切只是把欲望暫時解消而已！馬上又有新的欲望產生。所以，叔本華的「美感默觀」，值得我們去深入理解。

叔本華進一步談到兩種美，就是「優美」與「壯美」。「優美」是說，你所默觀的東西看起來是有意義的，令人舒暢的；而「壯美」是說，看一樣東西會覺得有壓力。譬如，看到一艘船在暴風雨裡面，有如一葉扁舟，載浮載沉，這時候你看了會覺得害怕，事實上也會帶來一種美感，叫作「壯美」，因為你在當下完全忘記自己，被這種景況吸引住了。美術、音樂都有類似的效果，有些看起來很優雅，有些看起來很雄偉。

再接下來，他談到「特殊藝術」。他對藝術的分類標準是依意志客觀化表現的層次來排列。最低的是建築，就是利用有形的物質之力表現出來，如石頭的硬度，而這個力度就是意志的表現，這種力會有衝突。譬如，蓋一座橋，就要將重力、張力、凝聚力……各種力全都控制好，橋便可騰空過去。蓋房子也是一樣，房屋各部分結構的力量，要正好相互抗衡，房子才會穩當。

往上的層次是繪畫或雕刻，因為繪畫或雕刻主要是在描寫歷史人物。為什麼這個層次會比較高呢？因為其中表現了人的觀念。

再高一層的就是詩，因為詩是人的自我表現。它所使用的是概念。而不借助任何實際的材料，它所表達的正是我們內在的世界。譬如，《詩經》最為明顯，香草美人是描寫一個忠君愛國的人。不可能單純用詩去描寫一個客觀的環境，表現出來的還是人的內在自我。

再往上則是悲劇，因為悲劇表現出人生真實的性格，它可以傳達凡人無法道出的痛苦與悲歎，可以顯現命運對我們無情的支配與嘲弄，以及公正者與無辜者無可挽回的失敗。叔本華所說的悲劇，包括自希臘時代至歐洲近代的悲劇。在他那個年代，莎士比亞、歌德的作品正大量流行，而他們就是在表現、描寫人生實際遭遇中最明顯的性格衝突。的確，在悲劇裡，我們更可以看到意志的盲目衝動所製造出來的結果。

再往上看，最高的層次是音樂，因為音樂不須藉由文字，或任何實際的材料，音樂完全是無形無相的，而且它表達的就是意志本身。人在聽音樂的時候，可以感受到實在界真實生命的直接顯示，不必借助於任何概念。音樂只有旋律，沒有任何具體的意象，等於是宇宙的大意志與人的生命直接接觸。華格納贊許叔本華，即是因為叔本華把音樂的地位放在最高層次。

因為音樂有讓人超離現實世界的功能，所以自古以來許多哲學家都喜歡音樂。例如，畢達哥拉斯認為音樂能照顧靈魂，讓靈魂得到和諧；又如新柏拉圖主義的普羅提諾（Plotinus, 204-269）也強調音樂的重要。叔本華認為，我們若要不受意志或欲望當下的束縛，能夠得到暫時的解脫，就需要各種藝術的薰陶。

拯救之途

我們藉著藝術品的欣賞而達到「美感的默觀」，有助於我們得到暫時的解脫。那麼，有沒有比較根本的辦法呢？也就是獲得長期的解脫？叔本華認為是有的。

他認為意志是一切的本體，而每個人均有求生意志，這求生意志帶來了利己主義，帶來了自以為是，帶來了仇恨、衝突，簡直是一切罪惡的來源。所以每人心中都有一隻野獸，等著機會去傷害別人，如果不加節制，最後便會毀滅別人，這正是「人為人是豺狼」的寫照。一個沒有受過教育的人，也許會有這種傾向，可是叔本華為何沒看到好的一面（像人也有善良面）？這或者與他個人的遭遇有關。他教書教不過黑格爾，寫作也沒人欣賞（直到晚年才受到肯定），住在法蘭克福，無親無故。他的一生並不幸福，因此不太注意人們善良的一面。

但是無論如何，他仍然關心道德問題。道德是指我們與他人相處，需要一點自我約束、尊重別人、行些善事等。可是，我的本質就是欲望，而欲望就是要去傷害別人，以求有利於自己，那麼道德又有何用？叔本華認為必須否定意志，道德才能表現功效，但否定意志等於是否定自己，也就是自我否定。為了做到這一點，有兩個方法：第一是「禁欲」。禁欲就是禁止自己的欲望、壓制自己的欲望，這與節制自己的欲望不太一樣。節制還有部分的允許，而禁止就是完全消滅了。第二個辦法就是自殺。他認為人的存在、人的生命本身就是一個罪惡，這就是人的「原罪」，是與生俱來又無可避免的。每一個人都有意志，有意志就有欲望，有欲望就會有一種傷害別人的傾向，為了自己的利益而不顧一切。既然如此，等於與生俱有原罪，即罪惡的來源，而人必須為它付出苦難和死亡的代價。人生的痛苦來自欲望，欲望又是人的本質，因此人的痛苦是隨著欲望而來的，最後只好走向死亡之路了！

他引用黑格爾的話說：「世界的本身，就是世界的審判法庭。」換言之，世界不需要別人來審判。我們說「多行不義必自斃」、「物極必反」、「樂極生悲」，也就是說，一樣東西達到極端以後，在它本身就會產生一種否定自己的傾向。

如果你看到天平的兩邊，一邊是人間的罪惡，另一邊是人間的苦難，最後會發現，兩邊完全一樣，不多也不少。有些時候罪惡雖然不是我造成的，但是苦難卻會降臨在我身上，所以以個體來衡量的話，很難得到合理的解釋，因此要以整體來衡量。譬如，有個人做壞事，但並沒受到報應，但是他的子孫也許會受到報應，《易經》上說：「積善之家必有餘慶，積不善之家必有餘殃。」就是以「家」為單位。這說明不能單看個人，因為個人只是一個大意志的特殊表現而已，而整個宇宙的大意志是平衡的。這樣一來，我們對於人間的許多災難就會比較看得開了。由哲學的角度來看，這可說成是大規模的因果關係，與宗教上的輪迴思想無關。

因此，叔本華推論出：最高的道德行動就是自殺，自殺才是真正解除痛苦之道。但是，叔本華自己為什麼沒有自殺呢？他認為：自殺是向意志投降，而不是否定意志。自殺是為了逃避某些惡，一個人如果可以不自殺而逃避這些惡，他就不會去自殺，所以自殺是以弔詭的方式來表現隱藏的求生意志。什麼叫「弔詭」的方式呢？「弔詭」英文叫作「paradoxically」。「paradox」就是似是而非、似非而是。自殺表面上看起來是要放棄生命，其實他是要放棄生命裡更大的惡，因為更大的惡對生命的威脅使自己不能承受。因此，自殺看起來是消滅生命，事實上則是在保護我的生命免受那更大的惡所帶來的痛苦。

我一直認為自殺是「誤會」，為什麼？因為自殺原本以為是「還不如死了算了」，而這是面對比死亡更大的災難才發出的感歎！自殺真正要逃避的是那個災難，因為那個災難威脅著生命，為了逃避那個災難而犧牲生命，這根本就是個誤會！

當代哲學家卡繆（A. Camus, 1913-1960）也說「人生是荒謬的」，雖然如此，人還是不應該去自殺。這就是哲學家思想的美妙之處，一般人不懂，只聽到「人應該自殺」就去結束自己生命，而叔本華卻依然坐在舒服的沙發椅上，吃著牛排，吃一口就喊一下「人應該自殺」。

的確，照叔本華的理論來看，人是應該自殺的，因為最高的道德就是自殺。但自殺的目的是在保護自己，以避免更大的惡，但為了保護自己，又要結束自己的生命，這就是「誤會」，因此我們不能認同這樣的思考路線。

如果自殺是為了保護自己，卻又要結束自己的生命，這是一個誤會的話，我們就要加以更正，所以我們先談「改變觀點」。

什麼是「改變觀點」？原來我們所瞭解的一切，都是由個人的角度出發，去掌握自己需要的觀點。「改變觀點」就是設法瞭解「Maya」。瞭解之後，發覺原來每一樣個別的東西都是唯一的大意志的表現，如果能夠看透這層面紗或簾幕，就會明白原來一切是一個整體，發展到這一點，就會因為「改變觀點」而表現出不同的行為。

本來是要傷害別人，以求有利於自己，現在發現，傷害別人就是傷害自己，因為我們每一個人都是整個大意志的一種表現，如此一來，思想就會突然從悲觀變為樂觀了。這等於是說，我與大家既然是一個整體，那麼為什麼要犧牲別人來讓自己快樂呢？犧牲別人不就是讓整體受到傷害了嗎？這樣一來，我不也受到傷害了嗎？因為我也是整體的一部分！於是，思想立即從悲觀轉為樂觀。

叔本華認為，既然看透了「Maya」，就知道一切個體其實都是一個合一的大意志，由整體來看，就會產生同情。什麼是同情呢？真正的同情，是對他人無關心的愛。愛一個人的時候，不要存著功利的思想，不要存著任何利害的考慮。這是很了不起的觀念。

進一步來看，一般談愛有兩種：一種是「Agape」，就是博愛；另一種是「Eros」，代表個人的愛、欲望的愛，或生命本能的要求。「Agape」有宗教性格，所以在基督宗教裡，就把上帝的愛稱作「Agape」，人間的愛稱作「Eros」。「Eros」是為了自我實現的，「Agape」則完全是無關心的，不是為了個人的利益。所以，人間的愛可以從自愛提升到博愛，表現廣大的同情，這代表人也可以達成神的那種愛，主要原因就是人發現萬物是一個整體。不但是人與人，就連動物、植物都一樣，眾生相連，都可以使我們表現同情的愛。佛教講「同體大悲」，這個「同體」就和叔本華這裡所說的意思很接近。

進一步的發展，就要禁欲了，禁欲的做法就是要化解意志，使欲望失效，人不再成為欲望的奴隸。當人可以根據自己的理解，改變觀點，瞭解一切，就會自動放棄這些欲望。但是只有到了死亡，才可以完全不受意志所奴役。

那麼什麼是「聖潔」呢？「聖潔」是一個人德行的最高結果，而為什麼人要有德行呢？它們的目的何在？

因為宇宙是意志的本身，意志如果完全消滅，一切就成了虛無。所以，如果能棄絕自己，讓自己不再成為欲望的奴隸，如此道德等於是節制欲望，目的即在於虛無，不再有任何意志了。理由很簡單：當人一有存在時，就是意志在運作。試想，你怎麼可能存在而完全不受意志的操控呢？只能說我現在瞭解情況，所以開始自我放逐、自我棄絕、禁止自己的欲望、壓抑自己的欲望，這樣活在世界上不是和死了差不多？似乎生命所有的一切都不能繼續發展，最後連吃東西、做任何事都會違反自己的原則了。

有一次，我在美國參加一個宗教學術研討會，有個代表是耆那教的，他隨時戴個口罩。我問他為什麼要戴呢？他說空氣中有很多細菌、微生物，所以要戴口罩，以免把它們都殺死。可是，他吃飯時照吃不誤，如此還說怕殺死空氣中的微生物。像這種做法就很難一貫地自圓其說，這也是人生困難的所在。昨天才立志要怎樣，今天情況一變就忘了，那麼，什麼時候的你才是真正的你呢？這就是我們人生的難處。倘若我們所知道的道理，都能無礙地在生活中實踐，那麼滿街的人不都是聖人了嗎？就是因為我們所瞭解的道理，與我們實際的生活體驗之間頗有距離，所以我們的知顯得不夠真確。王陽明（1472-1528）說得好，他認為一個人如果真正知道得透澈，就一定會有行為；如果沒有行為，就是知道得不夠透澈。所以，真正的「行」，必有真「知」相伴。「知是行之始，行是知之成」，知與行是要配合起來的。

然而，屬於道德的問題卻有一個特色，就是不管實行多久，永遠不能停下來。如此一來，道德有時候變成一種比其他欲望更強的欲望。我每天都希望自己變成好人，這個希望變成好人的欲望就會讓我不能超脫。所以，為什麼在講人生境界的時候，道德始終不能佔最高地位，而要讓位於宗教、藝術，原因就在這裡。道德所處理的是人與人之間的關係，而人生的最高境界一定要進入自己的內心才能超越，個人不能跟別人一起超越。譬如，我幫助別人，而別人被我幫助，他是受我之恩，怎麼超越呢？而我幫助他則是達到自我成全。但是，如果一直留在自我成全的層次，就會和別人處於相對的地位。宗教就不一樣了，宗教可以不受這種相對的限制；藝術也是，藝術是一種內心體會解脫的境界。所以，分辨人生的境界時，道德始終不能佔上最高的地位。

談到道德是否可能時，要把自己本能的意志與欲望降到最低，等於否定自己的生命要求。否定自己的生命要求之後，怎樣才能夠繼續生存下去呢？這是叔本華必須面對的問題。他在此提出「神祕主義」，或稱「密契主義」。密代表密接，契代表契合。「密契主義」是指一種不能說出來的整體融合的境界。人在修行的過程中，不斷地自我棄絕之後，在沒有達到那個境界時，根本不瞭解；達到那個境界以後，卻又說不出來。這種境界有沒有可能呢？有可能。有些修行的人確實修到這種境界，但是「如人飲水，冷暖自知」，要是說出來，別人也聽不懂，因為沒有那種經驗的人是不可能瞭解的。所以人生的境界有一些屬於體驗的部分，的確是不能說的。這叫作「密契主義」。

不過，如果一種哲學為「密契主義」保留一個位置的話，那麼它一定是不太重視理性的哲學，叔本華就是個例子，他重視的是意志。重視意志的話，是以行動為主，理性只能在旁邊解釋，要不然就是以多餘的能量從事「無關心」的觀照，如此而已。這個時候只能靠自己去體會，體會到最後，你知道就是這樣了，和宇宙意志合而為一了。但是，合而為一也不好，因為合而為一以後，你還是整個大意志的一部分，還是要活著，活著本身還是會帶來很大的挑戰。等到人死之時，又要回到什麼地方去呢？死了以後是不是還有靈魂存在呢？這些想法在叔本華的哲學裡根本沒有立足的餘地。

如果說人死了以後就回歸大意志，那麼大意志是個什麼樣的東西可以讓人回歸呢？回歸之後，人是不是還有理性去知道自己的意願呢？所以，理性和意志在西方概念中區分得太清楚的缺點就在這裡，因為概念清楚，所以理性和意志被截然二分。然而，怎麼可能會有一種沒有理性的純粹的意志呢？在東方的思想裡，尤其是中國人的思想，對於這種屬於人性的問題，總是認為不可能把知行完全分開，也不可能把理性和意志完全分開，因為分開的話，意志只是盲目的衝動，而盲目的衝動怎麼知道自己是一種衝動呢？所以如果理性和意志完全劃分開來，而宇宙又只是一個盲目的意志衝動的話，那麼不但人生的目標無法設定，連活著的目標都無法規劃了。到了最後，就是將所有東西都棄絕，而變成「無為」（「無關心」）也是一種無為的態度）。但是，真正的無為目的何在？如果生命活著不如消失，又為什麼要有生命的出現呢？為什麼又給我們理性可以去瞭解呢？既然有理性可以瞭解，一定預設了我們可以瞭解到一個程度；既然可以瞭解到一個程度，又為什麼不去做呢？我們對於叔本華哲學的批評也就在這裡。

如果以意志為宇宙本體，理性的地位就會降低，甚至成為意志的奴隸和工具。而事實上，理性在瞭解意志的欲望時，它就已經超越於意志之上了。當自己瞭解自己的欲望時，就有一個選擇的可能，可以選擇要不要滿足它，以及如何滿足它，並且也可以設法去思考滿足之後會帶來什麼後果。譬如，我現在有一個目標，我就得衡量一下追求這個目標會帶來痛苦還是快樂，付出的代價和收穫是不是相稱，否則可以設法降低對目標的期許，甚至設定一些比較單純的目標，設法知足常樂。

所以，叔本華的哲學立場，說東方不像東方，說西方不像西方。德國唯心論加上印度哲學，變成一套「意志哲學」，以求生的意志做為宇宙的本體。這個思想在印度來說，梵我之間可以溝通；叔本華的意志哲學，與印度哲學並無直接關係，只是借 Maya 的思想，說明宇宙外面有個面紗，裡面還有一個整體而已，他沒有發現在借用任何思想的一部分時，可能產生的誤解狀況。這也就是中國人學習西方哲學時，要避免自以為是的「融會貫通」，因為一旦「融會貫通」，往往誤會的層面會多過瞭解的層面。譬如我讀儒家，如果要把它同康德貫通，就會出問題了，變得康德不像康德，儒家不像儒家。

我一直認為，語言是決定性的關鍵。讀中國哲學，有所謂的「原典」，我們讀的時候可以直接掌握它在說些什麼；讀西方哲學則不然，大部分是透過翻譯去瞭解。我們用中文講叔本華，但光是書名就不容易瞭解：「做為意志與做為觀念的世界」。觀念即為「世界就是我的觀念」，但這並不是說世界是我想出來的，而是說「世界是我所知覺的世界」。我是知覺者，世界是被我所知覺，知覺與被知覺合起來，才是整個世界。觀念為什麼變為知覺呢？這是德文的原意，而英譯知覺為 perception 已是隔了一層，更何況是中文呢？這就是我們在思考這些問題時，很難直接掌握的原因。

所以，我們聽到叔本華說：人活在世界上最高的善、最大的快樂，大概就是自殺吧！這句話有什麼意義？它能告訴我們什麼呢？只能告訴我們儘量減少欲望，就會過得比較快樂。但事實上，減少欲望也不見得會過得快樂，因為快樂基本上是消極的。意思是：不要積極地想去製造快樂，只能消極地去想減少痛苦，這樣就會快樂多了。譬如，我們去唱卡拉ＯＫ，去餐館吃飯，在這期待的過程中才是快樂的。一唱完、吃完之後就不快樂了。因此，我們對此就要先有所瞭解，不要有太多的預期。

叔本華的悲觀哲學，當然有他個人的深刻體會。但我覺得認識他之後，不用如此悲觀。他強調用「改變觀念」來穿透外表面貌，看到我們在根本上是一個整體，由此會產生博愛、同體大悲的想法，進而比較能放棄自我中心，避免功利思想，讓自己的心靈能夠平靜，不受得失成敗太大的影響，這一點講得極好，也值得我們參考。

6

齊克果

Soren Aabye Kierkegaard

1813-1855

「人生的道路也就是天路歷程。」

——齊克果

齊克果說：「絕望是致死之疾。」

一個人的絕望是因為不知道有自我，不知道自我那麼可貴，不知道這個自我是無法替代的。久而久之，就變成只有量而沒有質，縱然生活充滿各種變化，卻沒有一種非要有自我不可的感覺或這樣的行動表現，整個生命顯現出可有可無的狀態，毫無價值可言。

引言

時代背景

齊克果在哲學史上的定位，是存在主義之父。存在主義是二十世紀很重要的哲學思潮，尤其是在五六〇年代。個人的存在到底是怎麼一回事？它有什麼價值？這是值得深入探討的。

齊克果是一位十分特別的哲學家，他的特色在於走出西方傳統哲學的主流之外，以往西方哲學的思考模式都是以本質來界定存在。本質代表一樣東西的概念、內涵，譬如，我們現在要蓋一幢房子，就要先瞭解房子的概念，瞭解房子之不同於桌子、椅子的內在特色及條件，瞭解之後，才能實際去蓋一幢房子，使它變成存在。所以，人類的文明都是我們先去瞭解事物的本質，然後再按照此一本質使它得以存在，這就是「本質先於存在」。的確如此，我們現在商量一個計畫，使它各方面的條件成熟了，再加以實現，它就成為一個具體的存在，這是合乎我們一般的思考模式的。

傳統的西方哲學將人視為理性的動物，將理性視為思考的模式，再以這樣的理性思維來建構我們的世界。但是以這樣的方式來思考人，就會出現一些問題。先將人界定為具有何種本質，再看人的存在是否符合這個標準，這樣就等於在人存在之前就預先規定他應該有什麼樣的內容。這樣一來，個人存在的意義和特色就容易被忽略。所以，以西方傳統的思考模式為出發點，很容易重視普遍的、抽象的、共同的概念，而忽略具體的、特殊的、個別的東西。如果光是個別的東西受到忽略，那倒沒有關係，比如說這隻狗、這隻貓，它屬於狗，具有狗性，屬於貓，具有貓性。這隻狗被忽略了，其實也沒多大關係，因為這世界上多一隻狗，少一隻狗，其實也沒多大差別。但是，多一個人、少一個人有沒有差別呢？也許你會說這樣太過於人類自我中心了，但是多一個人、少一個人的確是有差別的。因為人是會思考的，而且每一個人都很特別，如果把眾人集合而成的群眾、種族、國家做為思考的起點的話，個人就會被犧牲了。

十九世紀的歐洲哲學有何特色？黑格爾的立場是絕對唯心論，他的偏重整體的思想是以精神做為基礎，最後表現為國家的意志。德國人接受黑格爾的思想之後，表現強烈的國家意識，而國家意識最後又演變為種族意識，兩者都是以群體取代個性，個人要為實現群體的意志而存在，這樣的話，個人的生命就落空了。齊克果對當時的這種思想趨勢提出抗議。

此外，齊克果本身是一個虔誠的基督徒，對於當時丹麥的國教基督宗教也有許多批評。一旦宗教成為國教之後，就代表它與當時的社會、政治充分結合，也變得世俗化了。在宗教團體中有各種既得利益階級、各種表面的典章制度，往往宗教的內在精神就被忽略了。很多人有宗教信仰，會上教堂做禮拜或是去廟裡燒香，但是他心裡只把自己當作團體中的一份子，沒有真正去思考他信仰的上帝、菩薩或佛所要求達到的境界。他只是按照團體的規定，奉行一個個體的責任，多一個他或少一個他並沒有多大差別。

齊克果的存在主義有兩點意義：第一，他扭轉了西方傳統哲學中重視理性而忽略了個人的生命特色之傾向；第二，他注意到，在基督宗教融入政治、社會之後，抹煞了個人在宗教信仰中的特殊性。也就是說，一個人的犯罪或得救是以個人的身分在進行的，我們可以一起祈禱，但不可能一起得救，每一個人在上帝面前都是特殊的，我們不可能期望上帝給我們每個人同樣的平均分數，然後一起得救。

羅馬時代有這樣一則軼事：一艘船發生海難，船上每個人都驚慌失措，這時候一個哲學家說：「不要吵！如果讓上帝發現你們在船上，你們一定都沒救。」然後，他抱起一個小孩子說：「上帝啊！這裡還有一個小孩子，他是純潔的，求你讓他得救吧！」這是一個深富智慧的故事。成年人要求得救，可是身上沾滿了罪孽，得救的希望渺茫，反倒是一個純潔的小孩子，比較容易獲得上帝的垂憐。事實上，宗教是不可能以眾人為單位，以平均法來計算每個人是負債還是尚有資產，宗教是個人必須自己負責的。否則，宗教的意義就世俗化了，變成一個社會，可以做民意調查，算出比例來，以決定誰能得救，這樣的方式可以說根本和宗教無關。可是在當時的丹麥，就有這樣的情況，所以，雖然齊克果本身是念神學的，他還是竭力反對當時的宗教。

齊克果的父親自十一歲起就以替人牧羊維生，丹麥地處北國，氣候苦寒，十一歲的孩童就要為生活的壓力而忍受這種痛苦，因此在他小小的心靈中充滿了對上帝的埋怨，最後竟不惜詛咒上帝。奇怪的是卻得到好的報應，他一個遠房伯母死了，把遺產留給他，他心裡納悶，我詛咒上帝，為什麼卻得到善果呢？但是沒有想到他結婚以後，所生的七個小孩都夭折了，他心想這一定是上帝對他的懲罰，不過倒是有一個孩子活了下來，那就是齊克果，所以他覺得他應該要好好地教育這個小孩，不能讓他像自己一樣，犯那麼多罪。因此齊克果便得到特殊的待遇，受到最好的教育，據齊克果自己的說法是，他所接受的教育是像雅典人、希臘人般最好的教育。他父親一心要齊克果過最高尚的生活、受最好的教育，因此對他的要求十分嚴格，然而他自己的生活卻不太高尚，而且又有憂鬱症，小齊克果一方面遺傳到他父親憂鬱的傾向；另一方面也因為父親對他的嚴格要求，因此在性格及思想上免不了有些異於常人，對很多事情的看法很深刻也有極端傾向。

由於受到這樣的家庭背景影響，齊克果後來讀了神學，而且是一個虔誠的基督徒。他曾經訂過婚，後來發現自己不適合結婚，於是又提出解除婚約的要求，但是當未婚妻嫁了別人之後他又後悔了，說想和她保持兄妹關係，由此可見他個性的猶豫不決。可是在他看來這是極其自然的，因為齊克果認為做一個人本就代表了一種被撕裂的痛楚，為什麼呢？人有自由，「自由」這兩個字就是一種可怕的體驗，如果真正去思考自由所代表的意義，會覺得做一個人實在是非常痛苦的，齊克果正好又有信仰，所以他把這種痛苦推到了極點。

存在與抉擇

個人藉著自由抉擇、自我承擔而實現自我。

齊克果認為「存在先於本質」，也就是存在決定本質。「存在」一詞有兩種用法：一種是像桌子、椅子的存在；一隻貓、一隻狗的存在。他認為這種存在沒有什麼特別意義，重要的是第二種存在，也就是人的存在，並且是「個人」的存在。從齊克果開始，存在主義所指的這個

「存在」，是專指「個人」的用法。換言之，你不能說一隻貓存在、一隻狗存在，你只能說有一隻貓、有一隻狗；你也不能說人存在，你只能說有人。那麼誰才能存在呢？你只能說張三存在或李四存在。因此，只有「個人」才能存在。所以，「存在」這個詞已經不僅是一個名詞，同時也是一個動詞了。

「存在」怎麼變成動詞呢？因為存在是一種「自由選擇」的可能性。每一個人在考慮自己的選擇時，就是在面對自己要不要存在這個問題。所以，當你選擇自己要成為什麼樣的人之後，你才可能得到本質。譬如，我現在選擇要成為一個工程師或一個醫生，當我選擇的時候，我還不具有一個工程師或醫生的本質，但是經過長期的努力，我最後成為一個工程師、一個醫生，這才成為我的本質。我必須先選擇，最後才能夠使本質得到實現。

從另一方面來說，我要成為一個勇敢的人、忠實的人、虔誠的人，我先做選擇，但是我還沒有這樣的品質，過了幾年之後，我終於變成勇敢的人、忠實的人、虔誠的人，這是我早期選擇的結果。因此答案在哪裡呢？一個人有什麼內涵，並不是他先有了，然後才如此存在，而是先決定要選擇這個內涵，最後才得到的，因此重要的地方在於他是否選擇了。存在就是選擇的可能性，存在主義的要點就在於：我先有選擇的機會、選擇的能力、選擇的自由，然後我才得到我所選擇的結果。這叫作「存在先於本質」。

這話很有道理，為什麼呢？因為人是萬物當中最特別的生物，他有選擇的可能，也有自由的可能。人會塑造自己，製造自己。譬如，我今天還缺乏某種德行，如樂意幫助別人，那麼我可以立志、選擇，說自己從今以後要成為一個樂意幫助別人的人，因為我有這樣的選擇，這就是一種存在的活動，最後我終於成就了我所希望的自我，這叫作：「我選擇成為我自己」。所以，存在主義的這個「存在」的特殊用法，就與傳統的完全不一樣。如果你選擇成為你自己的話，就變成一個真誠的自我。你不成為你自己的話，就變成一個虛偽的自我。這裡完全沒有妥協的餘地。

齊克果喜歡引用一個比喻來說明存在的概念，這個比喻是這樣的：有一個農夫，喝醉酒了，駕馬車回來，表面上看起來是農夫駕馬車，事實上是老馬識途，帶農夫回家。這個比喻有什麼用意呢？仔細想一想，我們也是一樣，從小到大，我們都是由習俗、觀念、老師、父母提供我們一些生活的模式，我們只是照著做，就像由一匹馬拉著回家一樣，我們並沒有自己作決定，也沒有選擇我們自己的路，這就是我們生活的情況。直到有一天我們發覺了，才有意識地叫馬走我們選擇的路，這才改變自己從前的生活模式，覺悟到自己的自由是不能讓給別人的，應該由自己來負責。這個比喻說明了大多數人是「存」而「不在」的。

「存」而「不在」最明顯的例子在於個人和群眾的關係。我們平常所思考的問題，是不是受到別人操縱？我們的感受，是不是受到別人影響？我們的行動，是不是受別人左右？如果答案是的話，那我們根本就是屬於大我之一，屬於群眾的一部分，並沒有自我的存在。我們每天想的問題都是報紙看來的，如果報紙登這些消息，我們就想這些問題；如果登另外一些消息，我們就想別的問題去了，我們所思考的內容是別人提供的，別人所提供的是經過某種篩檢、某種管道的，這是第一個。

第二個，我們的感受呢？我們聽到別人對某件事有什麼感慨，我們也有什麼感慨，這往往都是受人引發的，所以我們的思想、感受、行動都受群眾所影響。但是這時候我們又想到：群眾是什麼？群眾根本不存在，群眾只不過是人云亦云，大家造成一種風氣，一種聲音，讓你覺得好像應該這樣去想，如此你正好放棄了個人自己去作選擇的機會。

群眾代表什麼？群眾代表集體的表現，包括種族、階級、社會、國家以至人類，甚至流行的觀念、學說。當自己反省存在的問題時，第一步就要把個人和群眾分開來，設法不再受群眾的影響，要有自己的思考、感受、判斷、行動。但這並不是說要特立獨行，就像讀哲學，並不是讀到最後要跟社會決裂，和群體都斷絕關係。自己可以和別人做的一樣，但是先經過自己的反省，知道自己為什麼這麼做的理由，這一點很重要。所以每個人在作選擇的時候，都要問：「這真的是我要的嗎？為什麼我要做這個選擇呢？」自己必須很清楚地問這些問題，然後找出答案，如此才能說：原來是我在生活，而不只是做為別人的影子，大家怎麼做，我也怎麼做。

「存在」的定義是：個人藉著自我抉擇、自我承擔而實現自我。意思是說，存在是一個自由抉擇，這個自由抉擇表示個人願意自我承擔，也就是既然這是我的選擇，我就把自己投入到這個選擇裡去，有什麼後果，有什麼狀況，我自己負責。這顯然是一種壓力，並且是很大的壓力。我們知道，很多小孩子害怕自己作選擇，大人對他說，你自己選擇一個志願好了，反正是你在考大學嘛！小孩子有時候會覺得很茫然，他請教父母、老師，參考升學排名的科系，看看去年哪個最熱門，他就去填志願，分數落到什麼地方，他不問自己有沒有興趣，他其實也不知道自己的興趣何在。現在的高中生怎麼會知道自己有什麼興趣呢？甚至連大學畢業的時候，也未必知道自己選的系是不是對的，有的人恐怕一生都不知道自己真正的興趣是什麼。大家都是照著外在的因素使自己走到某一條路上去的。

這樣的自我，無異於埋沒一輩子。自我有沒有可能埋沒一輩子？當然可能，很多人一輩子就在某個職位上，譬如，我當教授，一輩子就以為自己是教授，但問題在於：「我是教授，教授卻不是我啊！」教授還有很多別人啊！所以你不管扮演什麼角色，有什麼工作，你都要知道這個自己是不能替代的，存在主義很強調自我的特別性，英文有一個字很好，叫作「Unique」，就是獨一無二的、不能替代的意思，存在主義後來發展出另外一個字也很好，叫作「Authentic」，就是真誠的，這個字的德文是「Eigentlich」，意思是「屬於自己的」。我們作選擇的時候，可以作一個為別人著想的選擇，也可以作一個為自己真正需要的選擇，如果作的是自己需要的選擇，就叫作「Eigentlich」——屬於自己的，真誠的人就是屬於自己的人。他心裡想什麼，就真的說出來，而非察言觀色，看別人的需要來提供答案。齊克果特別強調個人應該自己負責。

但是，這種想法到底算不算是一種哲學呢？一般哲學的界定都在於提出一個觀念系統，這個系統很完整，讓你可以解釋宇宙及人生所有的問題。現在我們把存在主義當作一種哲學立場，說每一個人都要有一種自我性，自我都是真誠的，都是屬於自己的、不能被替代的。這樣的說法是不是可以構成一種普遍傳揚的哲學呢？這裡似乎有一個矛盾。如果我現在說：「希望我們大家都做存在主義者。」這句話就是矛盾的，因為存在主義不能談「我們」，只能談「我」或「你」，因為每個人都是獨特的。所以它自身有一種內在的緊張關係，但是如果一定要把我們去掉的話，又不一定符合存在主義的事實，它應該是：我先設法回到自我、個人身上，再進一步以自我或個人的身分，與別的個人互相尊重，構成一個由個人組成的社會，而在這個社會裡，不能強調群體的觀念，因為形成群體就要建立共識，一有共識的話，個人的意見就容易被忽略了。存在主義自二十世紀六〇年代以來，在社會上形成各種對抗、衝突的風潮，原因就在這裡。

不知有自我，不願有自我，不能有自我，這三種情況都會帶來絕望。

一個人在發現自我、實現自我的過程中，有時會產生絕望。絕望可分為三種：

第一，「不知道有自我而絕望」，所謂不知道有自我，是因為我已經埋沒在群眾裡，群眾叫作大我，我叫作小我，大我把小我淹沒、吞噬了，因此我等於不知道有一個自我，這時候會產生一種絕望，就是多一個我，少一個我，沒有多大差別。這種感覺是很可怕的，我們常常會提到像「芸芸眾生」、「隨俗浮沉」這些形容詞，那麼我的生命到底有什麼特色呢？

的確，從宏觀的角度來看，在整個人類的歷史和發展過程中，一兩個人實在是發揮不了什麼作用的，多一個人、少一個人對歷史實在沒多大影響。但是你照樣可以把自己想像成改變歷史的人，為什麼呢？因為只要你可以思考，可以抉擇，歷史就在你眼前呈現不同的面貌。齊克果的基督徒信仰，在這個時候顯出關鍵的作用。每一個人的存在都是特別的，因為在上帝面前，他的存在才能得到肯定，而他的存在是不能替代的。

我們再從另一個角度來看，在父母眼中，每一個小孩是不是很特別？有時候我們看到失蹤兒童的啟事，很多小孩的照片排在一起，我們都不認識，好像都沒什麼差別。但如果你就是遺失小孩的父母，情況就完全不一樣了，這個小孩是 Unique，獨一無二的，不能替代的。自己的孩子一定有他的獨特性，不能替代。所以，齊克果就基於他對信仰的真誠體驗，可以肯定在上帝面前沒有一個人是可以替代的，這就是他的基本觀點。那麼，一個人絕望是為了什麼？因為他不知道有自我，不知道自我那麼可貴，不知道這個自我是不能替代的，久而久之他就變成只有量而沒有質，他的生活充滿各種變化，卻沒有一種非要有自我不可的感覺或是這樣的行動表現，這個時候就會產生絕望的心情。

第二，一個人知道有自我，但他「不願意有自我」，為什麼呢？因為有自我是很痛苦的，一旦肯定有自我，那麼你就要跟群眾決裂。從此以後，你就不能注意現在流行穿什麼樣的衣服？現在流行什麼髮型？現在流行看什麼書？不能在乎這些問題。因為你注意這些問題的話，等於不願意成為自我。你雖然知道這個自我很特別，但是替自己抉擇也是很大的壓力啊！

很多時候我們要替自己作選擇時，就會問：我真的有這種傾向嗎？我真的喜歡這件事嗎？每樣事情都要自己選擇，幾乎是不可能的，那麼怎麼辦呢？我們只能選擇一個重點，就是在心靈方面替自己選擇。我吃什麼？穿什麼？事實上我並不把這些當成我的本質所在，因此，不妨在這一方面順其自然。但是在精神或心靈方面呢？譬如，我選擇做哪一種人？我要表現哪一種人的特色？是忠實的、勇敢的、虔誠的？還是虛偽的、懦弱的、散漫的？這是我必須負責的，亦即所謂精神品質的問題。再譬如說，我喜歡聽什麼樣的音樂？喜歡看什麼樣的電影？這些都屬於精神價值的表現與精神發展的方向。在這些方面，假如我也都跟著別人走的話，久而久之，就沒有一個屬於自己的精神特色。所以，不願意成為自我，也帶來絕望。

既然知道有自我，它是很寶貴的，但是我又不願意成為自我，因為成為自我需要負責。我如果完全以自己的選擇來安排自己的生活的話，當別人向我挑戰說：大家都喜歡這個，你為什麼喜歡那個？我怎麼回答？我能不能一個人站起來與所有的人對抗，說：你們都喜歡那個，我還是喜歡這個。我自己有沒有這麼大的自信呢？一個人活在世界上，有時候是要跟群體或群眾產生對立關係，但是必須問自己：真的有把握嗎？這個時候壓力當然很大，有的人認為不如跟著大家走算了，反正同樣是過日子，何必給自己這麼大的考驗呢？所以，這是在知道有自我之後，不願意有自我而絕望。

第三，我知道有自我，也願意有自我，但是我「不能有自我」。為什麼？不能代表能力不夠，心有餘而力不足，不是每一個人說要做就做得到的。很多時候我們發現我們說要做，但是堅持不下去，這就是能力不足，所以到最後變成不能夠有自我而絕望。

以上是齊克果分析絕望的三個階段：不知道有自我，不願意有自我，不能夠有自我。最後的結論是，雖然自我很寶貴，但是許多人恐怕還是會覺得，在發現了自我之後，反而生命中充滿了新的挑戰。這就是可以比之於一個人懵懵懂懂一輩子，沒有發現自我，照樣過得很快樂。有沒有這樣的情形呢？有的。所以英國哲學家彌爾（John Stuart Mill, 1806-1873）提出這樣的一個問題：「你願意做一個痛苦的蘇格拉底，還是做一頭快樂的豬？」其實以豬而言，我們拿來對照的時候，也不一定是壞事。豬有牠特別的地方，本文前面講過一個羅馬的故事，海難時，希望神看到小孩子，可以原諒我們，因為小孩子是無辜的。另外一個故事更有趣：一艘船上有個哲學家，遇到風暴的時候，所有的人都痛苦哀號：「救命啊！我們快要淹死了！」哲學家很生氣，就說：「你們不要叫，你們跟豬學一學。」船上有幾頭豬，很安靜，都沒有聲音。豬不思不想，沒有痛苦，狀似快樂，問題只在：一個人要不要有真正的感受能力？假如不要感受能力，光是活著就算了。

實際上，我們有時候覺得生命是相當無常的，一個星期一個星期就這樣過去了，兩三個星期中已經經歷好多事情，發生好多事情了。在社會上是如此，我們個人也是如此。在這種情況下，你就知道，未來還是會一樣的。既然發生那麼多事情，你能掌握的到底是什麼？你能掌握任何原則嗎？所以，存在主義就給每個人提出壓力及要求：如何做一個屬於自己而不屬於群眾的人？譬如，我以前是為了父母而讀書，為了老師而讀書，我現在則是為了自己而讀書。這樣就等於在慢慢塑造自己。很好，但壓力很大。我怎麼知道該讀什麼書呢？每一次的選擇是一個抉擇，也是一個放棄啊！選擇的可能性越大，壓力也越嚴重，為什麼？你選擇一個，恐怕要放棄一百個，你放棄的永遠比你選擇的多很多，簡直不成比例，弄到最後怎麼辦？乾脆不要選擇算了，省得面臨那種放棄的痛苦，這就是自由帶給人的壓力。現代人有的時候想要逃避自由，你叫他選擇，他說我不要選擇，寧可放棄自由，也不要去承擔自由之後的責任。所以現代人是怕負責的，由此可知存在主義一針見血的批判。

憂懼

進一步，從絕望發展下來，又產生一種憂懼的心情。憂懼是什麼意思呢？這個字很難翻譯，在德文裡面是「angst」，在英文裡叫作「dread」或是「anguish」，這是與害怕不大一樣的。什麼是害怕呢？害怕一定有對象，譬如，小孩子害怕怪物，看了電影《侏羅紀公園》會害怕恐龍，害怕有一種明確對象，但是，憂懼是沒有對象的。有人問我害怕什麼，我什麼都不怕，但是又好像有點不安，這就接近憂懼了。對什麼事不安呢？譬如，我覺得在看到美好的事物時，就會想到它消失之後的淒涼；看到一幅很美的畫，就會想到它的美能不能保存呢？有時候看到一處很美的風景，風景越美，心裡越覺得感傷。看到一個女孩子很美，就會想到她終究是要老的，心裡就會為了美的消逝而感歎！

所以，憂懼與害怕不一樣。害怕是有對象的，即使以鬼來說，鬼是你幻想出來的，它也是一種對象，你可以描述一下鬼大概是什麼樣子。但是憂懼是沒有對象的，因為你根本不知道自己在怕什麼。你就是覺得存在缺乏保障。有些人是把存在缺乏保障放在具體的事情上，這是一種基於現實的考慮。我們所談的不止於如此，我們是基於存在的考慮。我們現在都活著，但是下一步呢？終有一天我們都會離開世界，離開世界之後是怎麼樣的情況？有誰知道呢？沒有人知道！因此我們感到害怕。害怕死亡的理由大概有幾種可能的答案：

第一種說法是，一般人在死亡之前都很痛苦，到醫院裡面看看就知道了。在醫院裡面臨死亡的人大都是有病的，生病代表痛苦，我們想到死亡就想到痛苦，所以會覺得害怕。但在事實上如果你真的害怕痛苦的話，死亡說不定正是解脫，所以對於痛苦的害怕是不需要的。

第二種說法是，真正害怕的是什麼呢？是死亡之後一切虛無。西班牙哲學家烏納穆諾（Miguel Unamuno, 1864-1936）指出：從小就有人給他看很多圖片，上面都畫著地獄的可怕景象，天主教也會拿地獄的景象來嚇小孩子不要犯罪，犯罪以後會下地獄，那景象和佛教中的十八層地獄上刀山下油鍋的景象很類似。烏納穆諾說：他從小看了很多地獄的景象，可是從來沒有害怕過，看多了也就不在乎了。他最害怕什麼？最害怕死了之後什麼都沒有了，一片虛無。這是不能忍受的。

假如人死了之後，真的會下地獄去受苦，那麼受苦是壞事嗎？不一定，受苦受久了之後也會變成一種快樂，至少我還有生命有感覺可以受苦，至少還沒有被完全消滅。但是如果我被消滅的話，就是一片虛無，完全不存在了。這怎麼能夠忍受呢？想想看，我們今生的生命、活動、各種人際關係，到最後完全化為虛無，一點都不存在，成了一片漆黑，我能忍受嗎？當然不能，更不能忍受的是什麼？是我死了之後別人還活著。所以，對死亡的憂懼是有它的道理的。

再進一步分析，死亡使人害怕的真正原因是「我們」關係的解除。想想看，我們一生中和多少人合稱過「我們」？與一個人或與許多人，我們一共用了多少次「我們」？跟父母說「我們」一家人；跟朋友說「我們」同班同學；跟同事說「我們」這個公司；說「我們」中國人。每一個「我們」都付出某些感情或期待，別人也回應，才能夠變成我們，但是你的朋友將會一個個離開。只要有一個朋友離開這個世界，「我們」就少了一個範圍，也少了一個角色，這個「我們」就瓦解了。

我有一次遇到一位八十二歲的老先生，他說有一次看一張照片，照片上除了他以外的人全部都已經離開這個世界了，他感覺很淒涼。我們可以想像這種情況，二三十個人一起合照的一張照片，照的時候大家都還活著，都很年輕，到了四五十年以後，發現這個走了，那個走了，最後只剩我一個了，這種感覺實在很淒涼，因為從前是我們一起合照，現在變成我一個人了，如果離開「我們」的話，我的生命還剩下什麼呢？如果「我們」都去掉的話，我的生命就沒有了。因此，死亡本身代表虛無的話，確實給人憂懼的感覺。所以，憂懼與虛無有關，而不是與某種東西有關，它正好跟害怕相反，害怕一定是害怕某一樣東西，即使這樣東西是一個怪物，是一個鬼魂之類的，它都是一樣東西。憂懼又是什麼呢？憂懼虛無，憂懼我們的存在是一場夢，最後完全消失了。所以一個人面對自己生命的時候，一方面他有責任，必須替自己選擇；另一方面，他又面臨最後恐怕完全是一場虛無。

在自由選擇的時候，自由本身就會帶來憂懼。我給你自由選擇，你可以兩個選一個，不管選擇哪一個，都要放棄另外一個，在這個時候。你就會覺得不知道該怎麼辦？因為兩個都有它一定的價值，才會成為你選擇的考慮，既然選擇一個，就必須放棄另外一個。我們往往選了之後才發現另外一個比較好，但是，說不定你選了另外一個之後也會後悔。恐怕每個人都在想，那個沒有得到的才是最好的。這並非純粹是一種幻覺，而是因為你失去的那個，它本來的可能性已經變成了虛無性，你對於失去的可能性始終會覺得遺憾，因為那個可能性本來也可能成為你的本質之一。現在你選了這個，那個的可能性永遠成為無法實現的夢想，變成虛無了。對於這樣的一種選擇，哪一個人不害怕呢？

接著要探討的是「同感與反感」。同感的意思是，我對一樣東西能夠認同；反感就是我討厭一樣東西。當我選擇的時候，每一樣東西都有讓我認同的部分，也有讓我討厭的部分，請問我們到現在為止，有沒有選過一樣東西是完全好的？沒有。稍加思考就知道，每一樣東西都有它好的一面與壞的一面，為什麼呢？因為如果有選擇機會的話，這幾個可能被選擇的對象，它們之間一定有一些互補作用，以至於在思考選擇哪一個的時候，會覺得都選不是很好嗎！如果有一樣東西完全沒有價值的話，你根本不會考慮要選它，如果考慮要選的話，一定代表它有某些因素是別的東西所沒有的。

你對每樣東西都有喜歡的部分，也有不喜歡的部分，在這裡面有吸引力也有排斥力。尤其是在抉擇未來的可能性時。你既然完全不知道未來將會如何，亦即要靠你的選擇才能創造自己的未來，那麼未來對你來說到底是有還是無呢？它本身是沒有形象的，沒有固定的結果的，因此你在選擇的時候，覺得很嚮往，希望趕快選擇，同時又很害怕，像流行的一句話：「既期待又怕受傷害。」像以前高鐵宣傳得盡善盡美，大家就很期待，但又很害怕，想高鐵真的會蓋得好嗎？這說明了什麼？說明存在本身是相當困難的事。

齊克果所謂的存在，特別強調個人抉擇的可能性。個人只有透過抉擇，選擇一種可能性，選擇之後要自我承擔，自我承擔叫作「Self-commitment」，「commitment」就是作一個承諾，比「promise」更投入，所以「Self-commitment」是說我將自己託付在這件事情上，我作一個決定之後，有時候只是讓事情自己去發展，或是表示自己的態度，自己並沒有投入。這裡的意思則是說：我作了決定之後，自己隨之投入，我代表這個決定，這個決定就是我生命當下的意義，所以這樣的抉擇並不是普通的抉擇。譬如，我現在要坐車，我決定坐計程車還是公車，這個抉擇沒有什麼關係；現在上完課之後，晚上我要去吃宵夜，我吃餛飩、水餃或麥當勞，這有什麼關係呢？吃飽就好了。這個「commitment」什麼時候比較重要呢？是在當我說我要做一個什麼樣的人，跟人的品質有關的，這個抉擇會使我改頭換面，它才是重要的。所以，我們強調的自我抉擇倒不是指日常生活中的大小瑣事，日常生活上的抉擇是以方便為主的。

和群眾在一起，會讓人感覺一種誘惑，就是有消滅自我的傾向。齊克果有一次在日記中提到：有一天他在一群朋友的聚會中，談笑風生，言語機智，儼然就是全場的靈魂人物，可是到了中場，他突然離席了，他說他那時的念頭是只想一槍斃了自己。從這個故事可以瞭解齊克果的性格是有著分裂的危機的，他越是在群眾中受到肯定，就越覺得自己是浮面的。他在日記裡寫了很多類似的情況，他體驗到這些生活中製造的表面虛幻，使很多人暫時忘卻人間真正的憂懼，而這只是暫時的痲木而已。因此，群體生活所造成的快樂，會使一個人感到深深的哀愁。譬如，我為什麼不喜歡參加朋友的聚會呢？因為一到聚會的時候我就想到什麼時候會結束，結束之後一定很難過，所以聚會的時候越快樂，就會越害怕結束的時刻到來。但是任誰都知道，只要有開始就一定會有結束，所以為了避免結束的痛苦，我預先就放棄聚會時的快樂。

存在主義給人的啟發是很深的，讓我們在快樂的時候體會到它背後淡淡的哀愁。人的生命是有限的，當我們的生命結束時，那些在生命中曾有的快樂又代表什麼意義呢？齊克果的基督宗教信仰在這裡就顯示了很強的力量，對他產生很大的影響。蔣捷的詞《虞美人》裡的「少年聽雨歌樓上，紅燭昏羅帳」，一個「昏」字就說明少年的情況；中年的時候，「聽雨客舟中，江闊雲低，斷雁叫西風」，中年的時候，在外面奔波，一聽到雁的叫聲就會覺得慘然。我們現在也是一樣，到了中年，為了生活的需要在外面奔波，有時為了功名而努力，這些都是世俗的價值觀，使得我們努力奮鬥，但是奮鬥的結果何在呢？只不過是共同造成了一些泡影，世俗的價值分析到最後根本就是空的，只不過是大家認為你很好，你就覺得自己很好，但是大家在哪裡呢？群眾根本是不存在的。不但是齊克果這樣說，連羅素後來也這樣說，羅素說：「我沒有見過年輕人。」很多人問：怎麼會沒有見過呢？我們不就是年輕人嗎？羅素說：「年輕人沒有自己的思想，所以根本是不存在的。」

人生三階段

感性階段

在這個階段，相關的概念有：地下室，無形式，外馳，憂鬱。代表人物則是文學作品中的唐·璜（Don Juan）。

齊克果對人生的重要觀點是「生命三階段」之說。如何從感性階段跳到倫理階段，再跳到信仰階段。我們用「跳」這個字，並不是隨便講的。「跳」這個字是齊克果思想的核心。什麼是「跳」呢？「跳」就等於是一個人站在懸崖上面，前面一片白濛濛的，看不清楚有沒有對岸，但是他要跳過去，因為這邊已經無路可走了。無路可走時不能往回走，時間是逼著人一直往前走的，往回走是不可能的，所以怎麼辦呢？投降、放棄、原地不動，還是勇敢地跳過去？這表示這三個階段並非自然形成的連續過程，而是要作一抉擇的。

人的存在表現於自由選擇上，但是我們根本不知道自己選擇的是不是對的，只能夠憑著真誠去做，並且選擇之後，讓價值經由選擇而得到實現。在你選擇一種價值之前，這種價值並未實現，價值是經過你的選擇而得到實現的機會，因此你的選擇無異於冒險。在齊克果的思想裡，冒險、跳過去、面臨懸崖、沒有路可以走，都變成非常重要的觀念。他特別強調，一個人在信仰中可以發現這些問題，因為信仰是選擇全有或全無。我們如果說人死如燈滅，就是全無；我們說人死之後可以得到永生，就是全有。這兩個選擇的差距太大了，以至於難以想像。齊克果依此立場，講了一些很極端的話，他說：「要做一個人，就要做基督徒。」如果不做基督徒，就等於沒有做人，死了之後，就等於消失不見了；如果做了基督徒，信了上帝，就得救了。我們可以把齊克果的話當作所有信仰的特色，不過他畢竟是一個虔誠的基督徒，所以他的思想背景，受基督宗教影響很大。中國人研究他的思想的話，在這一點上也許會有些格格不入。

譬如，如果不信基督宗教的話，那麼你要怎麼辦呢？不信基督宗教沒有關係，但是你要問自己信什麼？中國古代信「天」，所以孔子遇到別人要殺他的時候，就說：「天之未喪斯文也，匡人其如予何！」「天生德於予，桓魋其如予何！」意思是說，「天」給我一種特別的使命與力量，你就算要殺我，也不能對我怎麼樣。孔子和齊克果都瞭解人的生命有最後的限制，亦即凡人必有死，但是這個死並非全無，而是全有，因為他們都有信仰。孔子信仰「天」，齊克果信仰「上帝」。如果沒有信仰的話，就完全無法回答這個問題，一個人如果光靠理性的話，不但沒有辦法回答這個問題，也沒有辦法真誠地活在世界上，你越是想要真誠地活在世界上，你就越覺得自己要撕裂了、要發瘋了。我們所有的一切都只是表面的花樣與活動，使人忘記生命的根本問題。這些都是人類社會發明出來的惡劣技巧。

齊克果的憂鬱症和他的哲學關係密切。憂鬱症的人情緒常常低潮，所以會想得比較深刻，但是如果沒有信仰做為支持的話，就很容易走上悲劇的道路。齊克果對人生命的結構，和柏拉圖的看法不同。柏拉圖認為人有理智、意志、情感或欲望。人的這種三分法，要用理智領導意志和情感，等於在駕著雙馬拉的車。齊克果不一樣，他說人分成兩部分：身體和靈魂，但是另外更有重要的精神。這還是三分法：Body、Soul 和 Spirit。人的生命就是由身體和靈魂合在一起之後，要繼續發展精神。這種三分法和柏拉圖的方式不一樣。柏拉圖只重視靈魂，知、情、意都屬於靈魂，身體並不重要，所以柏拉圖很少談到身體要怎樣培養、訓練，他認為身體只要健康就可以了。我們現在說的知、情、意，是心理學上就人的能力來說的。但是齊克果說人有身體、靈魂、精神，精神是根本看不到的，身體就很明顯。一個人在講話，在和別人溝通，這是靈魂的作用；但是他在溝通什麼，他在往哪裡發展，這是精神的作用。精神不可見，所以精神需要人不斷地自我抉擇，才能提升。它有三個階段，看你能不能一個一個地跳過去。

第一階段稱為感性階段。首先我們要介紹一個術語：「地下室」。所謂地下室是說：如果你只把自己的生命限定在身體和靈魂這個階段，而沒有提升到精神去的話，就等於是住在地下室裡面一樣，不見天日，這是感性階段的一個基本描寫。也就是說一個人只憑他的感覺、衝動、情緒來做事。譬如，一個小孩子，他愛怎麼做就怎麼做，有一句流行的口頭禪，「只要我喜歡，有什麼不可以」，就屬於標準的感性階段。

感性階段的特色是要求他所有的感覺都可以充分實現，沒有任何限制，就像有些人「今朝有酒今朝醉」，聽起來是在追求無限，但這是壞的無限，因為它缺乏形式，他的生命只是力量在無限地發散，沒有一定的原則與形式，結果就變成隨心所欲了，但是這樣並不是不逾矩；隨心所欲而到處逾矩，這就是感性階段。

感性階段的人，他的表現是「外馳」這兩個字。「外馳」就是向外追逐、向外奔馳，就好像騎馬狂奔，簡直沒有任何方向，如此追逐、奔馳的結果是找不到任何價值可以安頓自己，最後就會陷於憂鬱。

「憂鬱」這個詞很適合，英文叫作「Melancholy」。什麼是憂鬱呢？譬如，你今天傍晚看到夕陽，忽然想到是不還是有明天，心情立即憂鬱了起來，既然不知道有沒有明天，那麼就只有重複地靠著量的累積來感受自己的存在，必須不斷地藉感官上的刺激來使自己得到滿足。這種情況很像年輕人，雖有無限的精力但不給任何承諾，他不能答應別人任何事情，因為說不定他明天已經有別的想法了。這種感性階段的代表是唐．璜，唐．璜是西班牙傳奇中浪漫的貴族，他是一個戀愛高手，以追逐女性為樂。他並不是要欺負別人，而是因為他的感性是隨時變化的，當下覺得誰很美，就馬上不顧一切地追求，所以他完全是依自己當下的喜怒哀樂，當下的心情起伏，來決定自己的行為。這樣的人是可憐的，他最後會覺得憂鬱、絕望，因為生命一直在不斷地重複而沒有任何恆存的價值，他的內心世界完全沒有任何保證，因此他只能活在當下，而當下一彈指就過去了。過去的一切只留下回憶，而回憶也沒有價值，因為他回憶什麼呢？他只有當下而已，因為感性一定是當下的，他怎麼能回憶過去的感受呢？過去的感受已經不是感受了，已經變成概念了，所以只能活在現在、當下。這樣的人的生命，是無法長期忍受的，最後怎麼辦呢？要勇敢地跳過去，等於在感性上走到極端，然後要跳過去，跳到倫理階段。

倫理階段

在這個階段，相關的概念有：普遍理性、道德義務、自我滿足、內求、自負、罪。代表人物是古代哲學家蘇格拉底（Socrates）。

倫理階段和感性階段最大的差別，在於它要以個人行為來表現普遍的規範。譬如，一個人以前追逐女性只是為了性衝動，到了現在這個階段，可以結婚了，結婚代表什麼？結婚是很神聖的事情，要以我個人一時的選擇來展現一個普遍的規則。譬如，我願意為一個道德理想而犧牲。在感性階段沒有道德問題，一談到道德，就有責任，就有義務，一談到責任、義務，就是以個體來實現普遍原則，這就是道德的意思。我可以問你：你為什麼要幫助別人？你說這是你應該做的，也就是普遍的。一個人幫助別人的行為，是為了要實現「幫助別人」這個理想，這就是道德的特色。所以，在倫理階段的人可以承諾，而感性階段的人就不行，他要看當時的情況而定，不能對人承諾任何事。倫理階段的人可以把自己投射在一個普遍的層次，由此開始有了道德義務，希望能夠自我要求及肯定，不再只是追逐當下的快感，卻可以進而注意到自我的生命有一個精神的境界，需要不斷地成長。同時，相對於「外馳」，他的特色在於「內求」，內求就是向內要求自己。

但是，倫理階段的人有一個缺點。他經常在實踐道德義務之後，一方面，他所實踐的內容往往是社會規範的要求，而並非出自他內在的要求；另一方面，如果這實踐是出自內在要求的話，往往又容易有一種自負的感覺，也就是驕傲，認為自己可以達到某種道德成就。換言之，道德很容易產生驕傲。我們現在假設一個問題：有兩個朋友讓你選擇，其中一人從來不做任何不對的事，他有一種道德的驕傲；另外一人經常犯錯，所以變得非常謙虛；試問你喜歡哪一位？有些人會說，當然要找一個從來不犯錯的朋友，但是這樣的朋友，他有道德上的驕傲，因而也不能夠容忍你的犯錯。相反，找個經常犯錯的朋友，他比較謙虛，同時也會對你體諒、包容。人在本質上可以作自由的選擇，因而可能選錯，有了自由，就可能犯錯，也就有一半選錯的機會。你每一次都選對，代表你很幸運。常常選對之後，會產生一種自負的驕傲，這種驕傲會使得一個人不懂得同情別人的弱點。他可能因為某些特殊機緣，做的一切事情都對，但是他不知道別人的痛苦，不明白別人的無奈，別人說不定是環境所迫或其他的因素，以至於在道德上不能像他那麼圓滿。相反，另外一個人因為經常犯錯，所以就比較謙虛。莊子說過一個與此有關的故事：有一個旅店老闆娶了兩個妻子，第一個妻子長得很漂亮，第二個妻子長得很醜，但是他比較愛第二個妻子，原因是她覺得自己很醜，所以就比較謙虛，也比較溫柔。

倫理階段中的人，各有各的問題。在道德上不容易犯錯的人，不理解人性的弱點；在道德上容易犯錯的人，罪惡感的壓力又很大。但是什麼是「罪」呢？就是我明知一個行為是不對的，我還是去做。以齊克果來看，處在道德領域的人，一方面對於罪無法解釋，不能說明為什麼我們有道德要求，還是一樣會犯錯；而另一方面，他不能解釋為什麼一個人對自我有道德要求，還是不能夠達到圓滿的境界。因為就算你對自我有道德要求，是否能夠為道德犧牲生命呢？你無法回答這個問題。因為道德應該是為了我的生命而存在，而不是我的生命為了道德而存在。如果你要肯定生命是為了道德而存在，這個道德就不應該建立在生命的基礎上，因為我的生命要為它而存在，它應該另外有個基礎，它應該建立在信仰上，所以我們不能只談道德。

如果我們說：一個人最重要的就是道德，那麼請問你是不是要為道德而犧牲生命呢？如果是的話，等於你的生命的價值要靠道德來實現，那麼請問道德是什麼？規範是誰定的？道德規範如果是別人定的，我就無異於為了別人而犧牲我的生命。道德如果是我自己選的，那麼我的目的何在？如果選擇的目的為了成全，那麼我為了成全而犧牲我的生命，這不是自相矛盾嗎？所以，道德本身不能做為人生的最高理想，原因在此。此外，道德還有一個致命的特色，就是道德必定是在人與人的關係中實現的。我可以為了自己的動機，而不為任何外在的稱讚或利益去實現道德，但是任何道德的實現一定是在社會的脈絡裡，亦即沒有隱居的聖人，隱居者只有存在問題而沒有道德問題，所以道德一定要放在人群及社會的脈絡裡；一放在這個脈絡裡，就很容易受到社會觀念的影響。許多人的道德觀念都是社會的風俗習慣所造成的，身處其中，我們無法回答道德本身是不是最高價值的問題。

古代有人提倡道德高貴主義。所謂道德高貴主義，是說為道德而犧牲，是人格一種非常高貴的表現。但是，為道德而犧牲的話，接下來你就要問，誰來決定道德的內容？這個問題無法回答。如果說上帝決定道德的內容，那麼你就要相信道德的基礎在於上帝，然後信仰上帝。如果說道德是由人群社會所決定的，那就麻煩了，因為人群與社會所決定的道德內容會隨時空而改變，過去認為這個行為是道德的，現在則不一定，將來也許會認為它是不道德的。在這裡出現了倫理階段的一個大問題。

為何提到蘇格拉底呢？蘇格拉底是一個道德象徵，他以他的死亡來體現他對國家法律的遵守，這就是道德行為。道德行為的特色在於用個人行為來表現普遍的規範，這和感性階段不一樣。感性階段是不談普遍規範或形式的，它只談內容，只問現在生活的內容是什麼。倫理階段就一定要談普遍性，用個人的行為來表現普遍的要求。我們常說：要守信用、要誠實，這些都是普遍規範，在具體上要以你的行為使普遍規範得到實現。但是這時候你會發現，依然不能解釋什麼是罪惡，遇到要為道德犧牲生命的時候，也不曉得該怎麼辦。下一步呢？又要再跳了，這一跳就要跳到宗教階段。

宗教階段

這個階段的相關概念有：依他、位格神、弔詭、個人實現；代表人物是《舊約》中的亞伯拉罕（Abraham）。

什麼是宗教階段呢？就是從外馳到內求，再到依他。什麼是「依他」呢？就是不能依己，不能靠自己。這和佛教所說的不一樣。佛教主張要靠自己得到解脫，但如果靠自己可以得到解脫的話，那麼還需要解脫嗎？就是因為自己不夠才需要解脫，不是嗎？所以，我們經常在討論的時候遇到一個問題，就是「內在的超越」和「外在的超越」，或者換個方式說：「自力」和「他力」。一般我們談到宗教的時候，喜歡把它分成兩種形態，說佛教屬於自力宗教，所謂「放下屠刀，立地成佛」，人人心中，皆有佛性，只要掌握自己的佛性，開展出來，就可以成為佛了，不需要像基督徒一樣的依靠上帝。基督宗教代表什麼？代表「他力」，要靠神的力量才能得救，信耶穌才能得救。問題是，佛教講的是對的嗎？我們就是因為自己不理想才需要解脫，自己既然不理想，又怎麼靠自己解脫呢？因此他力才是合乎邏輯的。我就是因為自己不理想，才需要靠他力，所以在這點上，基督宗教是不矛盾的。除非佛教說：人有兩種本性，一種是外在的，受遮蔽的本性；另外一種是內在清淨的佛性。而所謂自力的意思，是把外在的遮蔽去掉，不要沉迷在世俗裡面，然後從這裡面得到解脫，讓我內在的本性或佛性發出光明。佛教可以這樣宣講，但是你能不能靠自己將內在的本性發揮出光明來呢？恐怕很難。你還需要聽佛法、從事修行，並且聽佛法、從事修行的時候，你還是要靠師父。如果只靠自己就可以做到的話，那麼也不需要設立佛教了，換言之，這還是一種他力。

一個人完全靠自己得到解脫，基本上這是不可能的事。所以，基督宗教也好，佛教也好，任何宗教都一樣，在說到解脫的時候，一定會先預設一個完美的境界，佛教叫作涅槃，基督宗教叫作聖人。成聖成佛的境界是我們目前還沒有達到的，所以需要「依他」，這個「他」就代表這個境界。我活在世界上，發現自己不夠圓滿、不夠完美，這就是開始；在道德上我不能自己給自己理由，說道德就是一切，若是為道德而犧牲生命，我會遺憾，說不定我上當了。即使肯定「殺身成仁，捨生取義」，但是誰來規定仁義的內容呢？捨生取義的人如果沒有信仰的話，他們的犧牲確實是上當了；如果他們有信仰的話，就不會在乎是否上當。後代的人怎樣發展和他無關，他本身以個人的身分對他的信仰負責，這才是要點。為什麼倫理階段發展了一段時間之後，就會覺得不可能繼續下去？因為我們不可能只靠道德維持生命的成長。齊克果有深刻的宗教背景，因此看得特別透澈。如果我們沒有絕對標準的話，又要憑什麼去改過呢？改過只不過是在原地踏步而已，犯了之後再犯，只是每一次犯的技巧高明一點而已，要不然就是這個過錯犯得多了，另外換一種形態出現而已。

以中國社會來說，中國社會受了儒家的影響，過度強調道德的期許，使整個社會瀰漫一股虛偽的風氣。我們要求一個人做聖人，這個聖人是道德上的聖人。但是道德上是沒有聖人的，只要一個人活著，就不可能是聖人，聖人一定要放在宗教上來說。放在宗教上來說的話，就會發現道德本身不完美，因此道德上要原諒別人。如果沒有宗教做為最高的訴求，一切只按道德來看的話，結果將是十分可怕的。譬如，一個人一句話說錯了，就會想辦法去圓謊，辯稱他的動機是好的。一個人一定要有宗教信仰，他的謙虛才是真誠的謙虛，因為他發現自己在根本上是虛無的。人的生命根本上並無任何保障。我雖是父母所生，但我的父母連自己都不能保障，我又怎麼可以要求我的父母保障我呢？我的生命由我的父母而來，我的父母再由他們的父母而來，層層往上推，請問：人的生命到底有什麼基礎呢？中國古代講三不朽的時候，主張「立德、立功、立言」，這種觀念並不理想，因為立德、立功、立言都是由一個人在社會上產生的影響來說的，但是一個社會本身的存在也是缺乏保障的。歷史上許多事實證明，有的社會連根被剷除，整個從歷史上消失，那麼請問：他們的往聖先賢立德、立功、立言，立給誰看？還有很多社會，寫了不少文字埋在地底，挖出來以後，根本沒有人看得懂，那麼立言又是立給誰看呢？所以一般認為，中國古代社會是個過度強調道德人文主義的社會。

但是，我個人認為中國古代不是這樣的。以孔子、孟子來說，他們還是有深刻的宗教信仰。我們看到齊克果，再想起中國古代的思想，就會發現真正偉大的、真誠的、第一流的哲學家，都會為信仰保留一個空間。我的生命追求存在，但是它最後可能是虛無的，誰能保障它不是虛無？只有信仰。這裡是就理論上指出信仰的必要性，並不代表一個人一定要信什麼教。它是我們一再強調的，哲學的限制。哲學有這個限制，同時也具體說明有這個要求。你如果不去面對這個要求的話，就代表你的生命還不夠真誠，還不夠屬於自己。

宗教階段為什麼要提到位格神呢？位格神這個詞，需要解釋一下。位格神就是「Personal God」，「Person」是人，「Personal Cod」就是指神具有人一樣的位格，「位格」代表什麼？我們講人講位，位格神就是說神有理智、意志，有和人一樣的面貌，會和人溝通的，這叫作位格神。為什麼會用這個詞呢？很多人認為神沒有位格，形成一種泛神論，肯定大自然之美是因為神在其中。真正的信仰一定需要有一個位格神出現。以基督宗教和佛教為例，基督宗教很明顯，位格神就以耶穌基督的身分出現，他是神也是人，我們可以與他溝通，可以向他祈禱；至於佛教，佛教到底是不是無神論呢？佛教不是無神論，它是「非神論」，這兩者的差別在於，如果說是無神論，等於否定佛教裡面一切的鬼神，包括人的靈魂都否定掉了，這是不可思議的，至少你不能否定靈魂有更高的境界。佛教也肯定鬼神，不過它並不是以神做為中心，所以我們稱之為非神論。

那麼，這兩者如果一定要對照比較的話，我們可以問：佛教徒在祈禱的時候，是向誰禱告？是向你心中所相信的慈悲的佛——釋迦牟尼禱告，相信他是你禱告的對象，是可以給你回應的，所以你虔誠的話，就會覺得虔誠的人會受到福報，你行善的話他會看到，所以他對你來說，就是一個位格神了。很多人強調說：如果信基督宗教的上帝，壓力太大了，我們的佛教是不信這些神的，等等。這些都只是說說而已，因為人的生命不可能接受一個完全沒有位格的神。就像亞里斯多德所說的，你不能向他祈禱，神如果沒有位格的話，你向他祈禱也沒有用，他完全沒有感覺。這是我們不能接受的。所以不管你信仰任何宗教，伊斯蘭教、基督宗教、猶太教，包括佛教在內，看看這些教徒們的表現，都是一樣的虔誠，請問他們對誰虔誠？如果說一個佛教徒只對自己虔誠就夠的話，何必去廟裡面呢？你到廟裡面去，看到了什麼？既然每個人本性中就有佛性，那就不用看菩薩像了。但是佛教的廟裡面，菩薩像最多，為什麼需要這些像呢？因為信徒需要一個像人一樣的，可以對他回應的，亦即位格神。

我們在討論宗教問題的時候，往往只是在一些觀念上打轉，而忽略了實際的行為表現。在基本觀念上，佛教當然不會接受耶穌基督就是救世主，人是受造的，並且受造有其目的。但是，那有什麼關係？當你實際行為表現出來的時候，當你碰到生命要求實踐的時候，要如何表達一個信徒的信仰？還是一樣要祈禱。祈禱並不是向人講話，向人講話很容易，譬如，我工作沒做好，與老闆溝通，這很容易。但是，碰到生命根本問題的時候，碰到痛苦、罪惡和死亡，這些絕對不能解決也不能解釋的問題的時候，只有訴諸信仰了。

「弔詭」就是似是而非，或似非而是，表面上看起來是矛盾的。人活在世界上，一般來說，用理性思考一切，所以不能接受矛盾。但是，你儘管不能接受矛盾，而設法把一切都合理化；事實上，跟人的生命有關的都是矛盾的。因為自由就是以矛盾做為前提，兩個選擇衝突時，我要選一個，這叫作自由。如果兩個選擇沒有衝突，一看就知道哪一個比較好，哪一個比較壞的話，就沒有什麼自由選擇的困難，也就根本不叫自由了。現在有兩個方案，第一個有十個優點，第二個有十個缺點，你選哪 個？你哪裡有自由呢？你當然是選第一個。自由是什麼？自由就是這兩個一樣好，缺點、優點一樣多，你一旦作選擇之後影響非常大，這時候你怎麼辦？選擇了甲，就喪失了乙；選擇了乙，就喪失了甲，實在很矛盾，也就是在矛盾裡才看出自由的重要。

放到信仰的脈絡上，他舉了亞伯拉罕做例子。亞伯拉罕是猶太教的第一位祖先（以撒第二、雅各第三），他有什麼樣的行為表現，讓齊克果這樣強調呢？他的外號叫作「信仰之父」，他做了什麼事呢？他到了很老很老的時候，還沒有小孩，他的妻子莎拉已經八九十歲了，但上帝對他說：你放心，我要讓你妻子生一個孩子，他妻子笑說：我都已經八九十歲了，怎麼能生小孩呢？上帝的使者說：上帝可以讓任何事情成真，天上有多少星星，你們就會有多少後代子孫。他們不相信，但最後還是生了一個小孩。老年得子，那感覺是完全不一樣的，所以他們很喜歡這個小孩。有一天，上帝派使者對亞伯拉罕說：你現在把孩子帶到山上，殺掉，奉獻給我。這怎麼可能呢？上帝把小孩賜給我，現在叫我把小孩殺掉，這完全違反理性嘛！但是不要忘了，什麼叫信仰呢？信仰就是：上帝給的，上帝拿回去，一切都來自上帝。所以，你喜不喜歡根本不重要，上帝要你做什麼你就要做，所以信仰有時候是非理性的。弔詭「Paradox」就是非理性，就是矛盾，就是讓你的理性覺得不能接受、不可思議、不合理。越是不合理，越是考驗你的存在有沒有基礎，存在本身的基礎就是不合理的。

想想看，我們在世界上，活得好好的，為什麼最後要離開世界呢？既然我們要離開世界，那麼為什麼現在要活著呢？這兩個問題誰能給我一個答案？找不到答案，亞伯拉罕怎麼辦？聽到這個命令之後，就清早爬起來，帶著他的兒子到山上去，準備聽上帝的命令，把他的兒子殺掉，祭獻給上帝。這是多麼慘無人道啊！我們認為這是違反道德的。爸爸怎麼可以殺兒子呢！但他知道信仰的重要就在這裡，他的信心比誰都大，上帝怎麼說就怎麼做。所以他把兒子帶到山上，準備殺了。這時上帝說：停下吧，我知道你的信心很夠了，旁邊的草叢有一隻羊，你可以殺那隻羊代替你的兒子。這個故事就為亞伯拉罕的子孫，也就是猶太人，奠定了信仰的基礎。亞伯拉罕也有父母親，但是猶太人一般數起他們的族譜時，都從他開始，因為他們是以信仰做為族譜的基礎，而不是只看血緣。

齊克果相信基督宗教，接受《舊約》的說法，所以他就以亞伯拉罕做為代表，凡是人間不能解決的問題，含有奧祕的、神祕的、矛盾的、不能解釋的，都屬於信仰，可以在信仰中得到答案。一個人如果真的要自我實現的話，只有在神前面，按照神的吩咐來做事，這種自我實現的一個特色，就是先要放棄一切，甚至犧牲自己，然後才能夠成全自己，這是什麼意思呢？一個人如果不能捨棄自己，他就不可能看清自己。我們從小都有很多既成的觀念，以為我得到的越多，就越能自我實現。但是如果你懂得上述說法的話，就會改變態度，認為只有真正捨棄自己的人，才能在自己身上得到新生命，也就是把舊的自我整個放棄，才會有新的自我出現，這叫作在信仰裡面的自我實現，等於是在信仰裡重生。每一種信仰都有類似的情況，譬如，古代的基督宗教在受洗儀式中把一個人浸到水裡去再拉起來，代表他重新出生。父母生下你，你是一個人，你從水裡透過信仰而得到重生的時候，則是神的孩子。

佛教也是一樣，它強調信徒要死於自己，誕生於諸佛之中。讀釋迦牟尼的傳記，會看到很多類似的觀念，每一個人都要死於自然生命，才會產生精神生命，由此可以說明宗教信仰有一定的特色。因為自然的生命只有自然的要求，要求得到很多利益，過得很自在、很舒服，什麼事情都要合理，擁有一些道德，但又不質問道德的來源。你必須把這些完全擺在一邊之後，才會有全新的生命出現，這個時候活在世界上，才會有真正的盼望，臨到死亡，一點都不害怕，所以有信仰的人的特點就是不會怕死，甚至視死如歸。

有力的影響

個人是不可替代的，群眾則不斷在變化中。群眾本身是沒有主體性（Subjectivity）的，所以群眾不能說「我」這個字，只能說「我們大家」，而「我們大家」是誰呢？恐怕是一種莫名其妙的風潮，是一種沒有根據的想法，也許是傳統的影響所造成的，使得「我們大家」是一種很模糊的、沒有固定形象的、不能負責任的力量而已。因此，個人如果犧牲的話就非常可惜。這種思想使得我們個人能夠在面臨集體的威脅與壓力時，保持個體性。如戰爭是一個集體行為，經濟活動是一個集體行為，今天資訊和傳播媒體那麼發達，也是一種集體行為。廣播、報紙出來了之後，所有的人都看到了，看到了就受影響，所以如何保持個體性呢？齊克果很早就想到這個困難了，只是他的思想在二十世紀才重新被發揚出來，並形成有影響力的存在主義。

存在就是奮鬥。存在是一種選擇的可能性，存在是一個動詞而不是名詞，既是動詞就不能停止，一旦停止，就等於接受某種本質，放棄選擇的可能性，放棄存在的機會了。所以，如果把存在界定為選擇的可能性，而人的本質又由存在所抉擇的話，人的生命就是非常清醒地、自覺地、不斷在作自我的抉擇，隨時都明確地知道，自己生命的意義由自己的抉擇所決定。因此，我們所能做的是，在日常生活中碰到關鍵性抉擇的時候，就要考慮到自己是不是真誠。所以「Eigentlich」這個字，如果後面加上「keit」，「Eigentlichkeit」就是屬己性、真切性。這是我讀存在主義時，最喜歡的一個詞。

屬於我自己，並不是說我要得到一樣東西，而是說，我向外的表現是以我內在的真誠做為基礎的，好的哲學一定會注意到這一點。我們講儒家的時候也是一樣，講道家的時候也是一樣，「真人」就是這個意思。而齊克果能在西方的傳統裡把這一點指出來，肯定個人主體的重要性，不能被替代，這與中國的思想很接近。我們講中國思想的時候，經常會覺得其中很有個人的色彩，亦即個人的生命是實在的、實際的。但是它的缺點在哪裡？缺乏系統、理性的架構，不像西方的思想那樣。譬如，黑格爾的思想就像一幢富麗堂皇的大廈，連齊克果也承認黑格爾是偉大的哲學家，但是他蓋的大廈太精巧、太美麗，變成一種技巧的表演，而不是真實的東西。

信仰是一種跳躍，從此岸跳到彼岸。怎麼知道一定跳得過呢？所以信仰是一種冒險。很多人說：我信了之後就不再懷疑了。這是不對的。真正的信仰裡面，一定有一些懷疑的成分，如果完全沒有懷疑就信仰的話，那是迷信或是盲信。真正的信仰是什麼？你所信仰的是一個生命，神或是佛，是一切生命的基礎。你的生命有可能性，神的生命更是一切可能性的整體，所以你信仰的是你的這種可能性不至於落空。

人們在選擇信仰的時候，常常會覺得自己雖然信了，但還是可能犯錯，因此這裡面的冒險是一直存在的。你可能信錯，你所信的對象可能和實際的對象不太一樣。譬如，到底信仰可不可能出現錯誤呢？有些人說：小孩這麼無辜，可是生下來就有各種殘疾；另外一個人也沒做什麼壞事，卻被車撞了，所以我懷疑神是否是愛人的。這時候怎麼辦呢？可以說：好！即使如此，我還是信，但是這個信是需要每天重新去肯定的，這叫作恆常的重複，不斷去重複的，不能說：既然信了，就一勞永逸，「once and for all」。信仰不可能做到這一步。一個人信了之後，反而應該知道：雖然信了，不過在我生命的每一步中，還要不斷地重複我的信仰。

信仰需要實踐，因為信仰本身就是冒險，你經常需要調整，因為信仰面對的是一個絕對的、無限的、永恆的神或佛。我們短暫而有限的生命，怎麼可能說信就算了呢！這樣的話等於放棄自己的生命，而把生命交給神了，那是不夠的，真要有信仰，必須以自己有限的生命將無限的生命活出來。所以一個有信仰的人，他的表現是不斷地提升自己的精神境界，可以不斷地解脫，越來越超越，使他的生命在活著的時候，就表現出一種精神的光明與力量。信仰是需要不斷實現的，它本身是一個不斷提升的過程，這和齊克果講的「存在」很接近。存在是不斷地抉擇，信仰也是一個不斷地投入和冒險的過程，也可能有危機，這等於是一個賭注，因為你永遠不能證明信仰的對象，如果可以證明的話，神就不是真的神了。這就是齊克果對信仰的真正本質的體認。

信仰候發展到後來，有時會產生疲乏，演變出兩套規則，信仰是信仰，生活又是另一回事。然而信仰必須做為生命的基礎，因此生命的表現不能另外立規則。信仰是一切規則的基礎，這種信仰你能接受嗎？很不容易，它有很強的侵蝕力量，你一旦接受信仰之後，生命就會整個融入，以信仰為核心，因此，生命還有沒有在一個世俗社會奮鬥的必要性呢？這也是一個問題。

所以，信仰從以前到現在，都帶有一種威脅，對於現實短暫生命的威脅。但是，現實中短暫的生命就是我們現在的生命，即使沒有信仰的威脅，它本身也是有限的。因此，如果只避開信仰的威脅，努力珍惜這個有限的生命的話，最後又是一場空。如果接受那個威脅，以這個生命做為見證的話，最後說不定是全有，找到了真正的基礎。這就是信仰的挑戰。

真理

最後要談主體性、真切的體驗、化裁萬物。

自傳統以來，對真理的看法是：我思想的內容和外在的實際情況可以配合。我們以前提過，思想與實在界配合，就是真理。我說：這邊有一棵樹，真的有一棵樹，這句話就是真的。這樣的真理意義不大，所以齊克果強調：真理一定是具有主體性的。什麼是主體性呢？譬如，你聽到別人說：誠實是應該的。剛聽到的時候沒有感覺，除非有一天，你真的去做誠實的事情，結果別人認為你做得很好，你也認為自己做得很好，這時你有了主體的體驗，「誠實是應該的」這個真理才能實現。

對你有意義的，才是真正有意義的。聽別人講了很多道理，聽了半天，都是空話。譬如，我在這邊講了半天，大多是空話，除非有一句話，你想到自己有這樣的經驗，有這樣一種主觀的、主體的感受，這一句話就等於你用生命去把它活出來的。真理是要去活出來的，而不是聽了就算了，所以這叫作主體性的真理。這與我們中國人講的實踐很有關係，孔子也說：「弟子入則孝，出則悌，謹而信，泛愛眾，而親仁，行有餘力，則以學文。」這說明你所學的是真理，真理是與實踐有關的，是一個人格完成的過程。

那麼，什麼是「化裁萬物」？「化裁」什麼意思呢？英文是「Appropriation」，「化」就是變化，「裁」就是剪裁，「化裁」的意思是說：我們所瞭解的世界，是被我們所瞭解的世界，因此，「我們」就扮演主動的角色。我怎麼瞭解世界，世界就變成我所瞭解的樣子，就是我把世界變成我的世界，之後，我才認識它，才能使用它，才能跟它產生互動的關係，這叫作化裁世界。我們在介紹馬克思時，也有類似的情況，他主張：「我們在歷史的過程裡，透過我們的主動創造，生產的活動，使世界變成我們要的世界，在這裡面也實現自己。」把世界變成我們的世界，就是化裁的行動，這是因為人有意識，可以抉擇，可以思考，就使用意識中的抉擇和思考能力，使這個世界轉變成他的世界，這叫作化裁萬物的能力。

我住在一間房子裡面，可以安排要用什麼窗簾，選什麼顏色，這叫作外在的化裁；我今天心情不錯，想要聽音樂，選擇什麼音樂，這叫作我來化裁我要聽的音樂。人有能力把自己周圍所接觸的一切——人、地、事、物，整個宇宙萬物，都變成他自己的世界，使自己成為意義的核心，使周圍的世界因為自己的存在而同時得到它們的意義，這叫作化裁世界。有時候這會顯得很主觀，好像這個人的主觀性很強，他看的世界都是他的世界；但是從另一方面來看，每一個人不是都如此嗎？一本書你讀過之後，變成你的書了，這意思不是說你在書上簽名，這本書是你的了，而是說你消化了書中的思想，變成了你的思想，並且能夠表達出來。同樣地，你這一生中所經過的事情，都被你化裁了，經過轉化，用你的模式把它加工，變成屬於你的東西了。這些觀念在當代來看也很有意思，也都有相當的吸引力。

7
馬克思
Karl Marx
1818-1883

「人性是人在歷史發展的過程中製造出來的。」
——馬克思

馬克思說：「哲學應該改造世界。」

馬克思的原意，是要以社會主義建立一個新的社會形式，在這個社會裡，每個人都可以成為獨立的人，站在自己的腳上，不再被生產、消費這種異化模式所癱瘓，而真正成為自己生命的主人與創造者。進而透過生產活動把大自然結合起來，成為人生命的一部分。但在這個過程中，不要將它當成工具，要把它當成與人的情感相聯繫的對象，於是，整個世界與人類合而為一，形成一美好、和諧的境界。

引言

時代背景

馬克思主義影響力之強，整整主導這個世界一百四十多年之久，從一八四八年發表《共產黨宣言》，到蘇聯解體，其思想的實驗過程可謂驚天動地，幾乎一半的人類都受他的影響。何以一個人具有這麼大的影響力呢？他的思想一定具有某些強烈的因素，使得當時人們感到十分著迷，認為這便是人類所真正需要的。不過，當今天我們再度回顧馬克思的思想，最好採取一種超越時代的觀點來看待，以免受到一些既有成見的束縛。

馬克思主義之所以崛起，首先值得我們注意的是它的時代背景。當時，資本主義的弊端已經出現，資本主義的弊端，簡單而言就是貧富不均、社會不義。貧富不均是由於資本主義需要資本集中，但資本一旦集中於少數人，便不免造成貧富差距過大。馬克思認為這個問題的發生在於產品的交換上出了問題，一個社會總有交換、交易，現在我們以錢來換取所需，而原始社會則是以物易物，直接以東西換東西。交易時，一個東西的價格根據你在這件東西上所付出的勞動量而定，一個人花一天做鞋子，那麼這雙鞋子就相當於一個人一天勞動量的價值。但是鞋子被販賣時往往會多得一些錢，超過所付出的勞動量，而多出來的錢被老闆拿去，稱為剩餘價值。換言之，每件東西都有一定的價格，這個價格是按照勞動量在這件東西上付出多少為準，因此，做一張桌子需要三天，做一雙鞋子需要一天，桌子應該比鞋子貴三倍，這是基本原則，因為勞動量的多寡便足以決定它的價格。但是大量生產之後，工人拚命工作，工人本身的勞動量造成物超所值，但是價格賣得很高，工人仍然只得到基本薪水，並且基本薪水很低。工人付出許多勞動量，所得的剩餘價值卻被老闆佔有，工人自己僅得少數的基本工資，這就稱為剝削。因此造成資本家越來越富有，一般人卻僅足以維持基本生活而已，於是貧富差距越來越大。

貧富差距太大最後會導致社會不義，所謂不義，就是不公平，因為人除了維持基本生活，尚需有寬裕的經濟可以從事一些享受，但有錢人對窮人的剝削一旦增多，就會造成社會不義。有錢人擁有許多精神享受，例如，聽歌劇、欣賞藝術品、閱讀出版的書籍，這些高級的享受大部分已讓有錢人瓜分，所以社會危機越來越深，很多人內心的衝突、不滿，似乎隨時隨地一觸即發。這樣的社會問題，正是哲學家所必須面對的時代課題。而馬克思身為一位哲學家，二十三歲即得到哲學博士，本身深具學術研究能力，在生活經驗中，也洞悉當時資本主義的弊端，並且對人文主義有新的要求。所謂人文主義就是肯定人的尊嚴，但在資本主義社會的不義中，人的尊嚴卻被踐踏了，因此，馬克思主義的原始出發點，便是試圖為人們找回失去的尊嚴。

思想背景

第一，黑格爾的絕對唯心論。黑格爾的基本思想是絕對唯心論，何謂唯心論？唯心論的意涵即人類意識是所有東西發展的最後基礎，整個宇宙，包括大自然春夏秋冬的變化，都是一個絕對精神的開展。

所謂絕對唯心論，意指心靈或精神是宇宙真正的存在，物質不過是心靈的外在化，或者說是心靈的墮落，所以對於這個世界不要太執著，它不過是個墮落過程，將來仍將回到精神本身。由以上說明可知，整個宇宙、歷史——宇宙就是大自然，歷史就是人類所經的過程——都是精神回歸自己的現象，所以我們應從事藝術、哲學、宗教活動，一步一步地回歸精神的世界，這就是黑格爾的絕對唯心論。

黑格爾唯心論的特色在於強調辯證法，何謂辯證法？亦即肯定宇宙萬物不斷在變化之中，而這個變化是由肯定到否定，再否定這個否定而變成新的綜合，成為一個「正」、「反」、「合」不斷往上提升的過程。辯證法是對宇宙變化的內在規則之洞察，從肯定到否定，再否定這個否定就變成超越。舉例而言，任何社會只要存在，便是一個事實，任何事實內在都有其自相矛盾的因素，即使一個家庭也不例外。一家三口，內在便存有矛盾因素，夫妻之間是兩個端，會有些對立，比如夫妻賺的錢是否要拿出來？花錢時用誰的錢呢？此外，親子之間同樣也會有對立關係。一個家庭內部就存在許多對立關係，這種內在對立關係會發展成為「反」，若是成員間常常出現衝突，將如何解決呢？此時，便應尋找彼此之間的協調之道，針對矛盾加以化解，化解之後，超越原有的矛盾就變為「合」。譬如，經過家庭協談的輔導，變成一個比較和諧的家庭。但內部仍不免潛藏矛盾，因為存在本身就是變化，換言之，真正存在的是精神，而精神的本質就是不斷地自我超越。譬如，此刻我對自己感到滿意，明天卻可能轉成不滿意。這種經驗我們並不陌生：以前我曾以為只要大學畢業便於願足矣，結果發現大學畢業後不滿足感更嚴重，還想更上一層樓讀博士、當教授，可見存在本身乃是不斷地否定自身而自我超越。

馬克思從黑格爾的唯心論中獲得了辯證法的啟發，但馬克思宣稱：「我是絕對唯物論。」他把「心」倒過來，以「物」取代「心」的地位。馬克思何以如此持論？基本上，他以為心靈、意識乃是受物質、身體或實際條件所決定，先有這個實際的條件，才有那樣的思想，產生那樣的意識。試問：每個人平時都想些什麼呢？我們每個人平時所想的，無非生活上實際經驗的過程及其內容，我們能否撇開經驗內容而思考呢？譬如，一個三餐不繼、住在貧民窟的窮人，當溫飽都有問題時，他的內心可能會想著貝多芬、巴哈、莫札特嗎？此時，他心心念念只想如何去得到麵包，所以他只想研究如何合法地拿到一個麵包。有錢人則不同，當物質生活不虞匱乏，便渴盼進一步滿足精神需求，由此看來，一個人內心想什麼，主要端賴於物質條件所決定。

第二，費爾巴哈的人類學與唯物論。費爾巴哈的德文名字是 Feuerbach，意義為「火的溪」，馬克思曾說：「你要追求真理、自由，一定要經過『火的溪』。」這當然是個比喻，但他何以如此重視費爾巴哈呢？我們可以從費爾巴哈的人類學及唯物論思想談起。

唯物論強調真正存在的是大自然，就是物質第一，精神是後來才演變出來的，這便是唯物論。這種唯物論是偏向自然主義，強調自然界的實在性，而反對用意識去思考超越現實的東西。

費爾巴哈的人類學思想是什麼呢？他有句格言：「上帝是人造的。」我們一般相信上帝造人，但費爾巴哈卻主張人造上帝，何謂人造上帝？舉例而言，如果讓信徒畫出上帝的樣子，則每個信徒所畫的上帝一定跟自己很像，或者跟他自身某些有形的特徵很接近，因為他認定最完美的就是自己所畫的，但事實上卻不過是自己的投射。因此費爾巴哈認為人類其實是信仰一個完美的人，將人無限擴大，消除一切缺點，而成為一個完美的結果，亦即上帝。我們常認為上帝全知、全能、全善，其實這些都是我們的願望，哪一個人不希望能力變得多一點、強一點呢？於是這個願望就變成上帝。由此看來，他是主張以人類學為中心，認為所有的一切都是由人的理解能力表達出來的，譬如黑格爾一貫的論點，當我們要認識一個東西，必須把它變成我們的東西，才能夠認識它。比如，我們不可能認識狗自身，只能認識人的狗；換言之，狗對人而言並非狗的本身，我們認識狗一定是由人的角度來認識，狗被我們所瞭解的，是我們所看到的這一部分的狗。

推而廣之，我們認識大自然也是一樣的道理。大自然並非其本身，而是大自然被我們所認識的一面，大自然如何被我們認識呢？——它按照我們的模式被我們所認識。這是唯心論的一種基本解釋，這種解釋看起來相當合理、正確。我們每個人所看到的世界，都是我們想看的世界以及我們所能看到的世界，並非世界本身。又如我們與人交往，結識一個朋友多年，最後卻發現，他所給我的印象何以和他給別人的印象不同？那是由於我所認識的他本來便不是他本身，事實上我也不可能完全認識他內在所有真實的一面，因為人與人之間的角色本來就不同，而人的一生往往都受到初次相識印象的影響，很難轉變。

黑格爾的辯證法和費爾巴哈的唯物論相合，便成了辯證唯物論，認為宇宙本身真正存在的是這個世界，然後它不斷地發展，人類意識是對這個發展不斷反省之後才能表達出來的一種瞭解。

第三，猶太教、基督新教及無神論的背景。馬克思是猶太人，在西方歷史中，猶太人是個特殊的民族，因為這個民族的傳統很深遠。整個民族代代相傳並以之為榮，對傳統相當珍惜。猶太傳統本身有其民族性，而且相當封閉，孩子一出生便自動成為猶太教徒，所以他們的傳統和宗教完全結合在一起。

馬克思本身便是猶太人，我們常說三個猶太人改變了世界：宗教界的耶穌、政治理論界的馬克思、科學界的愛因斯坦。其他著名的思想家也不少，如史賓諾莎、弗洛依德、胡塞爾……為什麼猶太民族會有那麼多天才呢？因為他們有傳統，傳統是一種深度，如果一個人從小便與傳統接觸，生命的深度便不易受到表面的現實世界所影響，而一旦這種深度表現出來，其他活在表面生活的人如何能是他們的對手呢？

馬克思是猶太人，從小篤信猶太教，但六歲時他的父親改信基督新教，加入路德教派。改信路德教派很麻煩，因為猶太社會非常封閉，一個猶太人居然改信基督新教，這是很嚴重的問題，所以猶太人便與他疏離。而信了基督新教後，教會知道他是猶太人，也不太理睬他，所以馬克思家人成了兩邊都不受歡迎的對象。由此可知，馬克思從小就深深體會疏離的滋味。疏離是一種奇怪、陌生、不認識的感受，翻譯上一方面是指疏離，另一方面學術上稱作異化（Alienation）。異化是我跟一種東西隔閡、對立，跟它沒有任何關係，這就叫作異化。

馬克思從小就有疏離的經驗，那麼他如何面對呢？一般人碰到這種情況就會悲傷、難過，但馬克思不一樣，他把這種情況合理化並且壓制下來。所以從小他就有一種能力，當任何痛苦降臨，馬克思就把它壓制下來，在他內心有很強的力量可以掌握住自己，把它合理化、客觀化，把它當作一個不可避免的事實。

馬克思上了大學便成了無神論者，為什麼會這樣？因為馬克思讀大學時，正好是黑格爾學派全盛時期，在一八三一年黑格爾去世前，其系統在德國教育部的規定下已成為所有問題的正宗解釋。換言之，黑格爾在世時，其思想已成為大學的必修課。但是一種思想一旦籠罩全域，反而會產生問題，亦即會產生不同的意見及批判，所以在黑格爾尚未去世前，其學派便已分為二系：右派及左派。右派繼續發展唯心論，偏重人的精神價值，左派則注意社會經濟，亦即較關心物質方面的實際情況，因此黑格爾左派自然容易走向唯物論。馬克思讀大學時便加入了黑格爾左派——青年黑格爾學派，成為左派大將之一，所以他的思想在大學時代便走向唯物論、無神論。

綜觀馬克思所表現的心路歷程，變化確實相當徹底。猶太人向來最虔誠、最信神，雖然其父親改信基督新教，不過所信的神並未改變，最後馬克思卻成為無神論者，為什麼呢？因為他認為神對人而言是一種異化、疏離，人創造出神讓自己滿意，但這個神事實上是人造的東西，我造了一個東西，然後去崇拜它，與它站在對立的一端，這是一個很大的問題。費爾巴哈對馬克思的影響在這裡很明顯，使得馬克思最後變成徹底的人本主義的哲學家。所謂人本主義與人文主義並不相同。人文主義的「文」代表人的文化修養，代表人的精神層次可以被開發出來，有一種超越的可能，譬如，我是人文主義者，我相信上帝可能存在。而人本主義則以為只有人存在，其他的一切都是人造出來的，這就是馬克思所持的人本主義思想。

人的本性

人性的實現

馬克思主義吸引人的地方在於他對人性的看法。人性有兩個側面：第一個側面是普遍的、經常的欲望，例如食與色，每個人都會有食、色的需要，就這個側面而言，馬克思認為大家都是一樣的。第二個側面是相對的欲望，這個相對的欲望是一個人在生命的過程之中造成的，亦即在歷史上由不同的社會結構、生產條件所慢慢形成的一種人性，這是馬克思所強調的。換言之，如果我們問馬克思什麼是人性，馬克思會說：「人性是人自己在歷史發展的過程之中製造出來的。」至於如何製造呢？這是接下來要討論的問題。

人有自我意識，發現自然世界與他自身對立，所以他便設法改造自然世界，讓自我意識在自然世界中可以實現。如前所言，馬克思以為我們認識的世界是被我們認識的世界，我有什麼樣的思想，世界就變成那種樣貌，如果我不以這個方式認識世界，這世界根本是不可理解的。然而，人有自我意識，當世界與他對立時，他要如何對應呢？此時，他只有改造世界，改造世界便是一種生產活動。譬如，眼前有棵樹木，而我需要蓋房子，於是我把樹木砍下來蓋房子，因為我意識到房子對我的意義，所以我把樹木改造成為房子；當我改造樹木成為房子的過程中，其實也在改造自己。所以人性是在一個實現的過程中慢慢形成的，並非一生下來便有人性，而是人在他與自然世界對立的過程中，設法去改造世界，使它成為人的世界，在這個過程中，他慢慢塑造成自己的人性。因此，人性、自然界與人所採取的生產活動都是一個連貫性活動的一部分，所以馬克思主義的人性觀是肯定一種活動的人性。

至於人性的活動表現在何處呢？人性的活動表現在生產力量。生產代表積極發揮自己的力量去創造或是去改造；與生產相反的則是接受活動，接受是指一個人承受別人給他的東西或安排。接受活動是被動的，被動代表生命的死亡，而生產活動則是生命的表現，所以生產是用精神及身體力量去改造一個客觀的外在世界，使這個世界變成與主觀有關的世界，甚至變成我的世界，這便是生產活動。由此看來，生產活動具有某種創造性。

由以上的討論，我們可以為馬克思所認定的人性作一完整的定義，此即人性就是人藉著生產活動，在歷史的過程中所實現的。換言之，人性並非天賦，而是後天自己的實現。至於如何實現呢？主要藉著生產活動，在歷史過程中去實現它。由於過去許多人在歷史的過程裡面，不斷地改造了人性，因此我們一出生，便與過去的人所創造的東西結合在一起，由此顯示出我們目前的這個人。現在我們既然出生、成長，則下一步該如何呢？如果要實現自己的人性，我們就一定要活動，因為人性的本質就是一種活動的要求，這種活動以生產性的活動為基本的、標準的方式。所以，如果每天只是接受東西，那麼自我的生命力便不能得到開發，因此馬克思基本上很肯定活動。

勞動的意義

人的活動等於勞動，勞動在馬克思看來原本是很好的東西，它是自我實現的過程，因為人性需要表現，表現的方式就是勞動。那麼我們現在要問：一個人如果不勞動，他還是個人嗎？當然不是。此外，勞動要有創造性，否則便無意義。譬如，自己每天只是慢跑，這沒有什麼意義。所以最原始的工作形態是做工，譬如，砍樹蓋房子、做家具，這是最具體的，屬於一種生產性的勞動。

但是馬克思接著指出，人在勞動時卻又反過來與這個勞動活動對立。何以如此呢？首先，我們要知道什麼是資本。資本由過去累積而來，是已經死了的東西，譬如，資本家所提供的資本都是過去累積而成的東西；勞動則是現在所做，是自由去做，是生命的表現。同時，勞動是一個過程，是人跟自然界都要參加的過程。譬如，我砍一棵樹，把它改造成一張桌子，這棵樹木代表大自然，大自然跟我合作，才能使勞動繼續進行。如果只有我一個人關起門來，如何能勞動呢？當然人也會思考、會寫文章，但馬克思認為那是比較後期的發展。真正原始的、標準的勞動一定是人去做一件工作，而這工作使得大自然的某一部分，與人的意識結合而成為其人性的一部分，在這裡面可以使得人性表現出來，他說：「再好的一隻蜘蛛所結的網或蜜蜂所做的蜂窩，都比不上一個最差的工人所蓋的房子。」為什麼？因為工人蓋房子需要先思考，蜜蜂卻不必，它僅僅靠著本能便可從事工作。但工人則不同，一個最笨的工人即使建造一棟很差的房屋，也必須先有藍圖，並且加以思考、想像，而在想像時便把自我內在的瞭解表現出來，然後利用自然世界去完成他本來所想像的一個世界。

我們所看到的外在世界與我們所想像的世界並不一樣，因此，我們會利用外在世界，將它改造成我們所想要的世界，將自我意識所想像的世界實現出來，這就是創造性的生產活動。工作並不是達到另外一個目的的手段，它本身就是目的，由此可見，馬克思相當重視工作與勞動。現代社會已經把工作當成了手段，如果問：我們為什麼那麼辛苦地工作呢？我們通常會說是為了謀生，但馬克思認為我們錯了，我們並不是為了謀生才去工作。然而我們何以如此認為呢？主要是因為現在工作已經被分化，有人上班、有人教書、有人開店，而人隨著工作分化之後，人性也從而分化，分化之後不能整合，因此我們希望休息，認為只有休息時才能整合自我，做自己想做的事。但馬克思卻認為，人只有勞動才能表現自我，休息時反而會感到無所適從，是一種生產力的停頓；反之，如果我們不斷地去勞動，同時是自由自願地去勞動，便能獲得快樂。試問，那些從事高鐵工程的工人，他們在工地裡會有在家的感覺嗎？恐怕沒有人會這麼想。一個人工作時，往往會覺得彷彿是被迫離開自己喜歡的地方到一個陌生的地方，終日勞累、辛苦，目的不過是以此工具為手段，掙一些錢過日子。這與馬克思所想的完全相反，他原本認為每個人工作時都應該很快樂，因為勞動就是人的本質，人就是要活動，活動是生產的，生產性的活動就是勞動。因此，勞動應該自由參與，參與之時它本身就是目的，所以工作應該像在家裡一樣，非常快樂，休息時反而應該感到很無聊。現在正好相反，大多數人覺得工作才真是無聊。

馬克思作了一個有趣的比喻。他說以前的社會分工之後，有人當獵人，有人當漁夫，有人當批評家，人一旦失了職業便無以為生。譬如，一個人從小學習打獵，忽然有一天規定不准打獵，那麼他便會失業。失業之後讓他去捕魚、去耕稼，這些都非他能力所及，我們現在的社會就變成這個樣子。真正理想的共產主義社會中，每個人都可以做他所願意做的事，今天當獵人，明天當農夫，吃完飯後當起批評家，生活很快樂，為什麼？因為人有內在的心靈，它是完整的，別人不能把我們當作是某個職業的工人而已。

馬克思以勞動為人格的完整發展，勞動必須自由參與，自己想做什麼，便沉潛投入，如此才能表現我的創造性、生產性。我今天工作、明天教書、後天寫寫文章，這不是很令人開心嗎？但不可否認，他的理論太理想，人並非無所不能的全才，打獵、捕魚都需要專業技術，當一個社會進步到某種程度，絕非任何人輕易可以想做什麼就做什麼。

異化

異化原是宗教裡面的觀念，基督宗教一向反對偶像崇拜，因為偶像是人造的。人以手造偶像，然後再崇拜偶像，由於所造的是一個物質，造了一個物質之後再去拜它，無異於把自我的生命力投射在物質上，然後認定它比我高，我崇拜它，顯示我的等級反而比它低。崇拜偶像除了使得自己降格外，也把自己變成一個物質，有時甚至比物質還低，因此偶像崇拜本身便是一個異化過程。

宗教經常有偶像崇拜的情況，這使得人不再體驗到自己具有創造力，而感覺自己什麼都沒有，連生命力也失去，因此只有向偶像祈求。偶像崇拜的後遺症很大，《聖經》裡也說：「他們有眼睛，但是卻不去看；有耳朵，但是卻不去聽。」因為他們把自己的力量都轉移到偶像上，而越是將力量轉移到偶像上，偶像越具力量，人的內在也越貧乏、空虛，越不能成為自己。

至於偶像有哪些呢？偶像不單指宗教上的，還包括國家、社會、主義或一個特定的人。小孩子崇拜偶像也有類似情況，當小孩發現一個偶像的完美足以彌補他生命的欠缺，便崇拜這個偶像，崇拜之後自己的地位便相形地降低，唯有依附偶像才感覺安全。語言也有類似的異化情況，例如，我們平常聽到「我愛你」這三個字（當然並非指近年來電視媒體上許多青少年大喊「劉德華我愛你」那種「我愛你」），「我愛你」此一情感語言原是一種內在情感的真正表現，然而在表達上卻不免存在問題：「我愛你」是由三個獨立的字或聲音所組成，脫口而出後便具有獨立的生命，但當我們返回內心思考時，我們的情感真的如斯熱烈嗎？事實的真相是，此時往往真正的情感已找不到了。我們以語言取代情感，有時不免會產生這種情況，當我們對人說「我愛你」，說完後我們不免微感詫異，默問自己真的愛對方嗎？內心真有這份情感嗎？小說、電影裡大家常說這三個字，而這三個字一說出，聽的人便會聯想到小說、電影的情節，但說的人則會反省——究竟情感多深始能說出「愛」字呢？這就是語言上異化的例子，我們所說的話，與內心有段距離，這便是脫節！而語言本身若是獨立的，那麼每個人都可以說，而語言與內心感受則未必具有相關性。

勞動如何變為異化呢？對馬克思而言，勞動本是人對大自然一種主動的相關性，要創造一個新的世界，也包括要在這個過程裡面創造人類自己。前面也提過，人性是藉著生產活動，在歷史過程中才得以實現的。換言之，當我們看到大自然，我們設法改造它，這裡面有一種創造性的生產活動，在活動裡面，我們實現了自己。

但現實情況又如何呢？一個工人製造產品，產品本身獨立之後成為商品，被老闆販賣，賺錢讓老闆發財，工人卻只得到基本工資。工人工作後的成果不但沒有變成他所掌握的東西，反而分化出來，與他之間形成距離，並且造成各種社會差異及不義的情況。因此，勞動所生產的對象反而與人對立，彷彿異化的東西，人的產品獨立為反對人的對象，奴役人而非受人所控制，這便是異化的標準模式。如此，我們便可以對異化有所瞭解，人在工作中非但沒有實現自己，反而導致自我否定，除了身體疲倦、心理委屈外，人不能自由發揮身心的能力，此時，人的感受並非滿足，而是悲慘。

馬克思這些描述都很符合我們實際工作的情況，本來工作應該可以為我們帶來很大的樂趣，工作如果具有創造性，那將是一個自我實現的良好途徑。但是現在只有少數的工作仍具有那種創造性，譬如藝術家、詩人、畫家、音樂家以及老師，但是老師在這方面的體驗已逐漸薄弱，甚至許多藝術家為了迎合世俗，只好畫一些銷售力強的作品，所以人在勞動時很難感到創造性，往往只把勞動當作一種不得不接受的辛苦事，目的是為了謀生，至於休閒，就必須另找空暇。但是在馬克思看來，休閒並非人類生命的真正呈現；就資本主義而言，那是消耗別人生產的結果，譬如，高爾夫球賽一天用水相當於二十戶家庭一天的用水總和，確實是又「高」又「富」。

在異化之中，勞動變成了受苦，努力工作反而覺得無力感，勞動的產品成為異化的對象，在勞動過程中，人跟他自己的創造力疏離了。人的創造力本來涵蓋全面，但現在只讓我們從事單一工作，如同工廠女工，坐在同一個位子重複同樣單調的工作，一天至少八小時，試問：工作中她的生命如何獲得整體性呢？馬克思當時已洞察到這種資本主義的弊端，便思考出一種不同的理解方式來解決困難，其後他所發表的《共產黨宣言》，便是對當時這種社會問題的省思與回應。

在馬克思看來，什麼是異化的關鍵呢？為什麼會造成異化呢？第一個原因是私有財產。馬克思認為有了私有財產之後便產生佔有行為，並且從而衍生更大、更多的要求。第二是勞動分工，勞動分工使得人成為工具，以從事特定的一種生產活動，而由資本家獲取大量利益，這便是造成異化的兩項重要因素。

接著更進一步的討論，則涉及「有」與「是」的關係。

「有」與「是」

當代存在主義深入探討「有」與「是」這兩個觀念，但是較早的馬克思所取的角度不太一樣，他基本上是由資本主義的弊端來談的。他指出：在資本主義社會中，我們「有」的越多，則「是」的越少。

一個人一旦有了私有財產之後，就會變得愚昧、偏執，以為一樣東西只有在我擁有的時候才是真實的。資本主義社會當然是肯定私有財產的；私有財產在黑格爾看來，是自由的表現。自由並不是你愛說什麼就說什麼，而是你的自由一定是表現在你有什麼東西可以自由使用上面。譬如，我有一個茶杯，可以與你交換或送給你，因此，如果我沒有擁有任何具體的東西，我的自由就無法表現，我要先有東西之後，才能表現我的自由意志。

這本來是一種合理的說法，但是在馬克思看來，資本主義使我們這個「有」的觀念慢慢變質了，因為既然講私有財產，當然是越多越好，那麼資本主義就會教你如何得到更多的私有財產。節儉當然是最好的方法，你辛苦工作賺到一些錢，但是這些錢已經與你工作本身的目的脫節了，無法完成自我實現，結果你只是把自己當成工具而已。賺到錢之後，如果可以讓內心的需求獲得滿足，譬如，去旅行、聽音樂，這些活動都還可以使得異化得到某種程度的回歸，但是事實上不然，你只是為了賺錢而賺錢，擁有的錢越多，代表工作時間越長；埋頭於拚命賺錢，使自己成為工具，這也是一種異化。這是第一步，「有」的越多，「是」的就越少，什麼是「是」的越少呢？就是那種可以透過勞動而自我實現的生命本質越來越少，因此，一旦太重視「有」，「是」就越來越少了。

第二步，假設你運氣很好，擁有很多資產，這表示你可以利用錢做很多的事，但你卻只想用這些錢去賺更多的錢。有錢人為什麼不會慷慨呢？因為他不會因有錢而捨得用，他反而會變成錢的奴隸，認為錢比他的本質還要重要。美國曾有個統計，探討什麼人在別人有困難時比較樂意捐錢。結果是窮人比較願意，因為窮人比較知道窮的痛苦，有錢人則不然，他們在經濟不景氣時很小氣。相反，窮人錢雖少，但是看到別人有困難，他還是願意幫點忙，因為他知道貧窮是很難過的事，他有過這樣的經驗。有錢人雖然可以買到一切，看起來有各種享受，但是他在享受的時候並非以一個主體的角色出現，而是讓錢來擁有他，支配他去享受一切，因此他自我的生命本質越來越少，不再「是」他自己。甚至他有錢的時候，還會以錢去衡量別人的價值，這就形成了雙重的異化。

我們將「有」與「是」的關係落實在實際生活中，也會形成類似的異化結果。例如，一個人擁有很多資產，光是要照顧這些資產，每個月整理一遍，看看在什麼地方有塊地，有幾筆存款，就要花掉很多時間。因此他「有」的越多，就要花越多時間去照顧，他真正做自己願意做的事情，真正實現自我的時間就越來越少。這就說明在資本主義社會中，人一旦越來越有錢，為自己內在生命而活的時間就越來越少。當然此處所謂為自己而活，並非一種以自我為中心的思想。馬克思的意思是說，為自己而活就是要設法自我實現，自我實現就是實踐生產性的勞動，而這種勞動一定要放在社會的脈絡之中，因為如果沒有了社會，也就沒有了生產的工具及需要。由此可見馬克思對社會性的重視。

社會主義

馬克思的社會主義，簡而言之就是想要真正解放個人，讓一個人做完整的人。如何使一個人變成完整的人呢？這種理想能不能達到呢？我們先看看他對社會主義的定義：「這種社會，應設定一生產模式或一社會組織，使人在其中可以克服異化。」由此可知，馬克思念茲在茲的就是要克服異化，因為資本主義所造成的異化已經是個不能抹殺的既成事實，造成了許多悲慘的結果。社會主義的理想就是要幫助你克服異化，不再過著悲慘的生活。如何克服異化呢？這就要靠一套生產模式和社會組織。什麼樣的生產模式和社會組織呢？馬克思並沒有像柏拉圖一樣提出具體的規劃，連城邦大小、組織、人數都詳加規定，他僅僅指出，在這種社會中，人可以回歸自己，以自己的力量掌握世界，進而與世界合為一體。

由上面簡單的分析可以知道，馬克思的社會主義有相當濃厚的理想性格，人原先異化，創造了一個具有獨立生命且與我分離的物質，它甚至反過來與我對抗，使我覺得受到它的壓迫。馬克思就要設法讓人回歸自己，不再受物質的壓迫。所以，在社會主義中，所有的工作應透過合作一起設計，用理性的方式與自然界交往。譬如，我們要合作計畫如何改造大自然，使它變成我們生活所需要的東西，這時候的工作沒有任何競爭性質，只有合作的性質。所以，社會主義中，只有合作關係而沒有競爭關係，但是資本主義社會非要競爭不可，沒有競爭便沒有進步，一有保障就會造成停滯。人在從事生產活動的時候是互相合作的，每一個人都親自參與計畫並執行計畫，假設有個工廠，每個工人都參與並執行計畫，這工廠不是很民主嗎？

馬克思就是要以上述社會主義建立一個新的社會形式，在這個社會裡面，每個人都可以成為獨立的人，站在自己的腳上，不再被生產、消費這種異化模式所癱瘓，而真正成為自己生命的主人與創造者。現在的工作是你自己參與設計並執行計畫的，是你的理性自由去選擇的，因此你就可以成為自己的主人、創造者。在這個時候，你才可以真正開始以生活做為人生的目標，而不是以生產活動所需要的工具做為生活目標；也就是說，從此不需要以賺錢做為生活目標了。現代資本主義社會大多是以賺錢為目標，而社會主義社會則是以生活做為目標，你活著本身就是目的。你並不是用來賺錢的工具，因為社會主義的社會，錢已經變成分配的問題，每個人的待遇僅夠維持基本需求就可以了，因此大家領的差不多。那麼你會不會因此而專挑容易的事情做呢？要這樣想也可以，但是你最後仍會選那個比較具有創造力的活動來做，因為那樣才能真正實現自我。

社會主義的角色是什麼？它是個人完成生命理想之條件而非目的，也就是說，個人最重要。我們千萬不能誤解馬克思的社會主義把個人忽略掉了。相反，個人才是最重要的。真正存在的個人如果被社會所淹沒，畢竟不是理想的狀況，因此社會主義只是個人完成生命理想之條件而非目的。個人並非為社會而生活的，反之，社會是為個人而建構的，我們要選擇一個最理想的社會組織與生產模式來完成個人對異化的解脫，讓個人不再陷於從前那種異化的悲慘情況。這種社會主義的理想是可歌可泣的，生命真正的目的是發展人的力量，這種目的是內在的、自由的。

馬克思主義對於社會的理解大致分成下列幾個階段：原始共產社會、奴隸社會、封建社會、資本主義社會、共產主義社會。原始共產社會中，大家共產，談不上什麼分工合作，過著野蠻人的生活。接著是奴隸社會，這是因為有戰爭，戰爭失敗者只好當別人的奴隸了。再來是封建社會，以君主的血緣關係為主軸，封疆建邦成為封建社會。封建社會延續了一兩千年，到了近代西方出現資本主義社會，這是由於經濟條件與生產工具的改變所造成的。資本主義社會出現後，帶來各種後遺症，接下來就要進入真正的共產主義社會，它可以給人類帶來幸福的結果。所以，馬克思的社會主義基本上有個解釋歷史的架構，以這五個階段來說明整個歷史的發展，目的就是為了說明將來一定是共產主義的社會，所以工人就要早做準備，「工人無祖國」，「工人無階級」，「無產階級專政」，這些都是迎接共產主義社會到來的口號。

8

尼采

F.W.Nietzsche

1844-1900

「那些沒有消滅你的，

會使你變得更強壯。」

——尼采

尼采說：「上帝死了！」

一個人要做真我或假我？尼采告訴了我們，一個人要對自己的生命忠誠。忠於大地，大地代表我與生俱有的一切，對大地忠誠，等於是對自己的生命力忠誠。人生下來有什麼生命力，就必須讓它發展，在發展的時候，必須勇於與世俗決裂，不應在乎世俗的肯定、批判，或迎合群眾，而應該對自己負責，忠於自己內在超越的要求。

引言

時代背景

尼采生於一八四四年，此時德國普魯士方從戰敗國的屈辱中復興。因為拿破崙（Napoleon Bonaparte, 1769-1821）在十九世紀初期，橫掃整個歐洲，以致造成德國人強烈的自卑感，因此德國亟欲重建屬於自己的哲學。

而德國人對自己的文化，顯得非常缺乏自信，尼采看出許多德國文化的缺點。此外，尼采本身是一位研究希臘古典文學的專家，在詮釋希臘的文獻方面成就斐然。

他的生平並不複雜，他的父親是路德派的牧師。但是，在他五歲的時候，父親就過世了。父親過世以後，照顧他的人都是女性——母親、妹妹，還有一個祖母、兩個姑媽住在一起。所以，尼采自小就住在女性所組成的團體裡面。這給他什麼樣的影響呢？我們很難估量，總之後來他對女性有很多特殊的偏見。但是，他的妹妹幫他很多忙則是不能否認的。他晚年精神失常，由妹妹負責照顧他。

思想背景

尼采的生命力特別強，有很多觀點和傳統的哲學可以說是分道揚鑣，在此簡單說明如下。

尼采的第一個思想背景，是希臘悲劇。他原來致力於研究古典的希臘文獻。他在讀大學的時候就放棄了信仰，變成無神論者。他讀得最好的是文獻學，文獻學就是從希臘文研究希臘悲劇及文學的各種問題。在二十五歲時，還沒取得博士學位，他就被任命為巴塞爾（Basel）大學的文獻學教授。

在德國，被任命為教授是很特別的。德國的教授位置很少，大學畢業讀到博士，只能當個助教。博士要當講師的話，還要另外寫一篇論文。如果要當教授，一個專業往往只有一個或兩個缺。譬如，哲學類的教授只有兩個缺，那麼下面的人再怎麼努力，只能當講師，沒有辦法升教授。所以，在德國的大學系統裡，當到教授是非常受尊重的。我們的教授到德國進修時，就佔了一些便宜。我到德國去的時候，人家問我在台灣做什麼，我說教授，他們聽了，對我非常尊敬，以為跟德國的教授是一樣的。

尼采在二十五歲的年紀，就當上巴塞爾大學的古典文獻學教授，地位可說是相當崇高。但是，他本身畢竟有強烈的哲學傾向，以致在文獻學方面的解釋被人批評為太過於離譜，也就是說，他沒有根據文獻資料來作解釋，這是因為他有哲學的創見，很難受到限制，有如天馬行空，不受羈勒。

他的第一本著作是《悲劇的誕生》，關於希臘悲劇，他研究的心得，是發現希臘人在看到生命充滿可怕的結果，且人生有很多無法理解的部分時，是不是因此就悲觀、逃避呢？

希臘人和古代其他民族一樣，看到生命有許多不合理的、恐怖的部分，這時怎麼辦呢？他們使用藝術來加以轉化，或是加上一層面紗，讓這個世界變得可以忍受。尼采認為希臘人是以這種方式，也就是把生命的可怕一面轉化為美感，這樣做是需要靠藝術的。所以，希臘的文學、音樂、舞蹈、戲劇等，都非常發達。

影響希臘悲劇的兩個重要因素是戴奧尼索斯（Dionysus）與阿波羅（Apollo）。我們平常讀希臘神話的時候都會看到這二者。戴奧尼索斯代表酒神，阿波羅代表太陽神，兩者的區分相當明確。我們喝酒之後，自然就會唱歌、跳舞，喝到最後忘了自己是誰，從個體融入群體。所以，喝酒可使一個人的非理性部分展現出來，使個人的自我意識降到最低。那麼，阿波羅太陽神代表什麼？太陽代表光明。有了光明之後，一切都有秩序，要講理性，都有限制，因此個人的個體性就相當清楚了。太陽神重視形式和秩序，酒神則重視生命力。生命力是不受限制的，不能用形式來約束的。這兩種精神，在希臘時代同時存在，尤其在蘇格拉底以前，是同時發展的，這也造成希臘人一種高度的平衡。一邊是生命力的奔放，一邊是追求形式與秩序、穩定。這二者配合在一起，使得希臘人的生命充滿張力與動力。

但是從蘇格拉底以後，特別重視理性，使得希臘人的生命力萎縮。所以，尼采早期很討厭蘇格拉底。後來，尼采受到科學的影響，認為蘇格拉底所講的理性也沒什麼不對。為什麼？因為沒有理性、形式的話，根本就不能建立知識。知識是客觀、冷靜的，如果生命力那麼熱情、奔放，卻沒有任何形式加以規範、約束，那麼生命力將往哪裡發洩，恐怕也是很大的問題。

所以，尼采對希臘悲劇的研究，目的在於強調，要對生命說「是」，不要對生命說「不」。這一點用中文來講，就顯得比較笨拙。意思是說：我們不要否定生命，而要肯定生命。不要否定生命裡面各種自然的傾向、衝動、欲望、情感。譬如，社會生活要求我們學習禮儀，見人的時候要鞠躬幾度，要說什麼客氣的話，對什麼人要用什麼字眼……這樣一來，人們真正的情感及生命力，都表現不出來了。這叫作對生命說「不」，好像一天到晚反省自己是不是有罪，是不是有錯，如此難免顯得鬱鬱寡歡。生命應該是快樂的、奔放的。對生命說「是」，代表什麼呢？就是說與生俱有的一切都是美好的，天賦的一切能力都應該表現出來。

尼采希望走的是第二條路，即使這個世界有很多可怕的、黑暗的一面，我們也可以透過藝術加以點化，給它蒙上面紗，然後照樣過得快樂。這是他早期受到希臘悲劇影響所顯示的基本取向。

接著，我們再看達爾文（Darwin, 1809-1882）與叔本華（Arthur Schopenhauer, 1788-1860）對尼采的影響。

達爾文在一八五九年出版《物種起源》，提出演化論（Evolutionism）的假設。達爾文的思想在當時已經開始流行了，流行之後，很多人思考問題時，不再從過去那種固定的觀念來思考，而從生命是不斷演化的觀念來思考，尤其對於人的生命，要特別注意它與物質是有差別的。

進化論或演化論，我們的翻譯是通用的。原則是什麼？它的基本立場就是「物競天擇，適者生存」。宇宙萬物都在競爭，只有最適合、最優秀的才能生存。尼采受此影響，認為進步很重要，但是他認為達爾文說錯了：他認為「物競天擇，劣者生存」。為什麼最差勁的可以生存呢？因為最差勁的會團結在一起，也就是弱者會團結在一起，共同對付強者，最後合作把強者消滅。強者固然是強者，但是因為人數少，很孤獨，以致和多數的弱者相比較，強者反而變成弱者。這就是說，各方面都很強，能力很強，理智也很強的人當然很少，大多數的人為了維持自己的生存與利益，會聯合起來對付強者，結果強者反而變成弱者，甚至被淘汰了。因此，保存下來的都是比較差的品種。

尼采雖受達爾文影響，但他整個思想的發展是要強調一種生命力，就是生命是要求進步的。但進步又有種種困難，怎麼辦呢？所以他後來提出「超人」（übermensch）的思想。「超人」就是過去從低等生物變成人之後，人的下一步就是要變成「超人」。其中觀點稍後我們會加以說明。

那麼，叔本華呢？叔本華的哲學曾受到東方影響，他的基本觀念是把生命當作「追求生存的意志」（the will to live）。所有存在之物，皆是追求生存的意志，「意志」就是叔本華哲學的核心觀念。「意志」與理智不一樣。以前講哲學，都是用理智找到概念。現在認為理智太過於抽象，與實際的生命脫節，所以要講「意志」。「意志」就是生命力的本身，「意志」就是要求生存。叔本華這種思想，內容相當複雜，簡單來說就是：如果人的生命本身是一種「意志」，「意志」就是要去追求，追求代表有欲望，有欲望代表沒有滿足，沒有滿足代表痛苦，所以有欲望就必定有痛苦。即使現在滿足了欲望，立即新的欲望又出來了，因此又是痛苦的。所以叔本華的哲學，顯示悲觀的傾向。人的生命本質就是欲望，欲望就是意志要去追求一樣東西。所以，生命本質是欲望的話，你只能使它滿足，滿足就是快樂。由於欲望無窮，痛苦也常在，所以，叔本華認為，人生沒什麼樂趣，根本是痛苦的。活著的時候，有生命力就是欲望，有欲望代表還沒有滿足，也就有痛苦。這樣一來，叔本華轉而設法發展美學，發展一種節制欲望的思想。節制欲望正是對生命說「不」。本來把生命當作一種意志的表現，現在說不要這些了，因為要這些會有痛苦，所以只好把它去掉，把所有欲望降到最低，這一點是尼采不能接受的。

不過，尼采受到叔本華的影響還是很大，在思考模式上也是類似的。譬如，叔本華認為生命的本質是求生存的意志（the will to live），尼采改為「求權力的意志」（the will to power）。Power 是什麼呢？Power 並不是我們現在所指的政治上的權力，而是更廣的意思，可以從物理學一直講到政治學，我們稍後會提到。

以上說明尼采受到達爾文、叔本華的影響，他自已的思想內容由此浮現出來。第三個思想背景是他對基督宗教的批判。當時對於基督宗教的批判，像尼采、齊克果（Kierkegaard, 1813-1855）都認為，基督宗教代表既成的勢力，是社會上已經形成的某種價值觀。西方傳統一千多年來，以信仰做為人間的道德基礎，現在這個信仰已經慢慢世俗化了，顯不出提升人性的力量。其中宣揚的道德是一種「奴隸道德」，而不是「主人道德」。尼采提出這些新的名詞時，都作了說明。

尼采的家人原是虔誠的基督徒，父親是個牧師。尼采進大學之後變成無神論者，他在研究語言學方面很有天分，還沒取得博士學位就被聘為教授。這是少見的例子，但是他教書卻很失敗，為什麼？因為他的同行認為他應該教哲學，不應該教文獻學。他寫了許多論文，沒有受到同行肯定。他教文獻學，教到最後，班上只有一個學生。他很生氣，說：「真正的哲學家只有在死的時候才會出生。」意思是說，真正的哲學家，活著的時候沒有受到肯定；活著受到肯定的，都是假的哲學家。這是尼采個人的經驗。他後來非常孤獨，教書教了七年，到一八七九年就因為健康不佳，又跟同事處不好而自動辭職。辭職以後到處流浪了十年。在這段流浪的過程中，書就一部部地寫出來，最著名的是《查拉圖斯特拉如是說》，現在還是尼采思想的代表作。這是一部很特別的著作，寫法不是論文，而是像格言、詩一樣的短文。裡面有許多名句，譬如：「太陽啊！如果沒有人類仰望你，你的光明有什麼用呢？」這是很有啟發性的。然後，他宣揚特別的道德，叫個人獨立起來，宣稱「超人」準備要出現了。他的思想很有特色，能夠融合希臘一直發展下來，把許多宗教訓誨及世俗道德都擺在一邊，直接把生命力的要求展現出來。接著，我們要談的是「虛無主義的危機」。

虛無主義的危機

尼采當時已經遇到虛無主義的危機了。什麼是虛無主義？虛無主義認為人死了就結束了，人間所有的價值都是相對的，因此人活在世界上，終究是沒有意義的。

虛無主義有不同的表現形式。比較消極的主張是：既然活著沒有什麼意義，人又何必去爭取呢？這種虛無主義至少不會去傷害別人。假如我是一個虛無主義者，我知道自己現在做什麼都沒有意義，書多念一本或少念一本也沒有什麼差別，反正死了之後什麼都沒有了。這種消極的虛無主義與世無爭，活在世界上只是在拖時間而已。

積極的虛無主義就比較麻煩了，因為他要毀滅一切。他認為一切都是假的，人們還要執迷不悟，他看了就生氣，「我沒有的，你們也別想有。」

還有另一種虛無主義是世間常常見到的，就是根本不去反省自己。他是虛無主義者，但是他又不承認自己是虛無主義，照樣追求世俗上的成就。你問他有沒有意義呢？他從來不想有沒有意義的問題，這叫作「賴皮的」虛無主義。他明明是虛無主義者，又不能夠採取消極或積極的立場，只是夾在中間，過一天算一天。為什麼尼采後來被稱為存在主義（Existentialism）的啟發者之一呢？重點就在這裡。他不喜歡那種過一天算一天，明明肯定生活沒有意義，卻又隨著世俗打轉的生活態度，他覺得這實在是自欺欺人。

接下來，我們要談「主人道德與奴隸道德」，因為這兩個名詞在很多方面都會用到。

什麼叫「主人道德」呢？道德原來是指善惡的分辨。主人道德是肯定善就是高貴，惡就是卑鄙，以此為基本原則。因此，「善」並不是你幫助別人，「惡」也不是你傷害別人。「善」是一種高貴的品性，「惡」就是卑鄙了。他不是以你有沒有幫助別人為標準，而是以高貴與卑鄙來作標準。因此，如果你具有主人道德，就會像希臘人一樣，心靈非常高貴。希臘人被描寫為「High-minded people」就是心靈高尚的意思。舉個例子來說，假如我們都是希臘人，我生日的時候，你送我一個茶杯，是瓷做的，那麼下一次你生日的時候，我也送你一個茶杯，是銀做的；當我再生日的時候，你送我茶杯就要是金子做的。我一定不能讓你覺得吃虧，你跟我來往的話，要讓你覺得我比你慷慨。慷慨是高貴的品行。假如你寬恕我小的錯誤，我就要寬恕你大的錯誤，就是要比你更大器。所謂的「主人道德」，就是顯示品行的高貴，你對我好三分，我對你好四分，就是不佔你的便宜。那麼你受不了的話，怎麼辦呢？我對你好五分，你就對我好六分。所以，在希臘人的社會裡，是用心靈的高貴程度來表現自己的「善」，有時候反而變成一種互相誇耀。這是「主人道德」。基本上，他不談慈悲、謙虛、忍耐……因為奴隸才需要謙虛、忍耐和慈悲。主人怎麼需要呢？主人應該是有獨立的精神，往上面表現他的高貴。

什麼叫作「奴隸道德」呢？奴隸道德是說：一個社會要幫助弱者及沒有權力的人。凡是以弱勢團體為考量焦點的，都屬於奴隸道德。什麼叫弱勢團體？群眾就是。因為群眾都是平凡的。高貴的只有少數人，一般人都算是群眾。我們這些群眾希望怎麼樣呢？希望僅守規矩、行善避惡，這就是標準的奴隸道德。他要求一個人的行為表現出同情、慈悲，而把高貴方面壓制下來。所以，奴隸道德就是出於討厭有些人太高貴。有些人太高貴，會令人受不了。

譬如，如果看到一個人鶴立雞群，我們爭取的他都不要，大家就會覺得很奇怪，他是不是看不起我們？為什麼我們大家要這個，他卻不要這個呢？他比較高貴嗎？你在比較之後，就會覺得受到傷害。群眾代表多數，於是，我們選舉民意代表來立法，立法專門約束那些少數人。譬如，一個人有能力爬好幾層樓，所以他可以當強盜；我們爬不上去，所以不能當強盜。我不敢搶別人，所以我不能搶別人。我們所有的人會認為，我不敢去做某些事，因為某些事需要高度的體力、高度的智力、高度的勇敢，配合起來的，我們不敢做，因此不准做。這是尼采的解釋，他有自己的背景這麼說，但是我們看起來倒不一定如此。因為人的道德本來就有一種自我捨棄的要求，我可以要，也可以不要，但我選擇不要，這無損於我的高貴啊！也不見得我是被迫的，也不見得我要別人的稱讚。為了稱讚，就變成奴隸道德。如果我是怕別人知道而不敢做壞事，這是很明顯的奴隸道德。

但是，我現在也可以做很多不讓別人知道是我做的好事啊！並且，我也不是因為害怕別人知道而不做什麼壞事。所以，尼采的思想只從表面的方式來看，他是很嚮往希臘時代那種趾高氣揚，能夠實現高貴的人性，而不在乎世俗一般小的仁義道德。他能夠顯示一種獨立的精神，應該理性就表現理性，應該有生命力就表現有生命力。但這樣的人是很不容易存在的，我們也知道，這樣的人在社會上很不容易被接受。

現在你要當民意代表，就要迎合世俗的需要，講話就要講當地人聽得懂的話，跟他們站在一起，完全沒有身段，就可以受到他們的肯定。這些正是一般世俗所需要的。

這是「主人道德」與「奴隸道德」。主人顯然具有豐富的生命力，能創造自己的價值，不在乎世俗共同認定的某些價值。

個人的消解

處於十九世紀後半期，個人的生命是相當萎縮的。關於個人的消解，我們可以從以下五點來看，說明一個人如何在自欺之中，忘記自己是誰，忘了自己本來的面目。

第一是「語言」。我們平常以語言形容自己或形容別人。譬如，若問誰是勇敢的，我是勇敢的。但是，「勇敢」是一個概念，它可以形容我嗎？這是一個很大的問題！我們可以用一個概念來形容一個人嗎？勇敢的反面是懦弱，請問哪一個人是只有勇敢，而沒有懦弱呢？其實每個人的性格裡面，都有某些程度的勇敢，都有某些程度的懦弱。誠實、虛偽也都一樣。所以，我們平常使用語言來描寫自己的時候，很容易受到語言的蒙蔽，以為自己就是語言所描寫的內容。其實人的真實生命與語言抽象的概念化的表達方式之間，一定有距離。我們說這三個人都是勇敢的，但是三個人的勇敢並不一樣。因此，不能夠用一個概念就建立一個人內在的自我，這是不太公平的事。因此，用語言來形容人的時候，會產生一種差距。

第二點是「通則」。通則是什麼意思呢？有個小孩子寫文章，他說：「我的哥哥屬馬，一天到晚在街上跑來跑去；我的弟弟屬豬，每天在家睡懶覺；我的媽媽屬雞，每天嘀嘀咕咕的；我的爸爸屬牛，每天辛苦地工作。」把中國人的生肖拿來形容人的特質，當然是個「通則」，就是說所有屬牛的人都怎麼樣。星座也是一樣，你是什麼星座，所以你有什麼性格。我有個朋友就說，自從知道我屬什麼星座之後，就原諒我了！他說：「噢！難怪他講話這樣子，我們不再怪他了。」我聽了也很高興，原來我所做的事情，都是我的星座在作祟，並不是我自由去做的。像這樣，就犯了一個錯誤：用通則來界定人的自我。好像你有什麼背景，就可以普遍加以應用。這當然大有問題，為什麼呢？這個世界屬馬的人有好幾億，如果今年是馬年，那今年出生的人都要到街上跑來跑去嗎？這怎麼可能呢？這就是使用通則，以普遍化的一種公式，拿來套在每個人身上，當然是不對的。

第三點是「成功」，特別指外在的成功。個人如果在社會上成功，大家都說他這一生所有的痛苦都變成光榮了。這是一個很有問題的說法。德文有句話：「結果好的一切都好。」

（Ende gut, alles gut.）中間過程中的挫折都是必須有的。譬如，如果沒有昨天的挫折，怎麼會有今天的成就呢？反之，不管以前如何努力，最後的結果是失敗了，別人就會說你一切的努力都落空了。這完全是以結局來評論奮鬥的過程與價值。一個人也是一樣，在社會上只要成功的話，奮鬥過程就可以寫成傳記。有很多人的過程跟你差不多，但他們不被寫成傳記，因為他們最後沒有成功。這就是以事實上的成功來審定一個人內在自我的價值，也是很不公平的。我們固然可以想，還沒有到結局，所以不該放棄，這是很好的自我要求。但是，很多人成功之後，就以外在化的價值來取代內在化的自我，一旦成功之後，馬上就有許多頭銜、身分、地位，別人就從這些方面來認識我，結果反而使我忘記內在的自我是誰。

第四點是「回憶」。「回憶」有個特色，會把過去的一切遭遇過濾，把不愉快的變成愉快。回憶的時候就像看照片一樣，留在相簿的照片都是帶著微笑的，有誰會把生氣的樣子或被揍時的照片還放在身邊？不會的，早早把它撕掉了。這跟回憶是一樣的，我們過去不管怎麼樣受苦，一旦回憶起來都很美妙。譬如，有些退伍軍人喜歡對人說，他的身上這邊一個彈孔，那邊一個刀疤，在以前抗戰的時候，受過多少傷，子彈打在什麼地方。現在想起會覺得：嘿！你看，我不錯，很了不起。但實際上當時是痛不欲生，嚇得要命！然而，經過回憶之後發覺這是美妙的經驗。這樣一來的話，靠回憶也很難瞭解自己了。

第五點是「認識自己」。我們常常問別人：「你覺得我怎麼樣？」別人說某人在背後批評我怎麼樣，我就很難過，生怕被人誤會。換言之，我們經常由別人的眼光來看自己。這樣一定有問題，因為那不是真正的自己啊！從外表怎麼看得到真正的自己呢？譬如，我們可以問：別人的看法如果互相矛盾的話，該怎麼辦呢？有很多人認識我，這些人有的認為我很好，有的認為我很不好，我到底是哪一個？再說，別人只是關心他自己，就像你只是關心你自己一樣。別人說我的時候，只是順口隨便說兩句，所以我不必在乎別人說我是什麼。我們想從別人口中認識自己，是很難的。

以上五點區分相當完整。譬如語言，語言是普遍的概念，是根據人類經驗歸納出來的；再進一步是成功，成功似乎是奮鬥的結果，但這是外在化的表現而不是內在的真正自我。事實上，外在成功而內在失敗的人多的是。

所以，尼采從這幾個方面來說明人的自欺是普遍的現象。自欺之後，自然而然就忘記自己真正的面貌了。

另一種消解自我的做法是轉化。轉化就是我們害怕願望不能實現，所以設法轉化。一般來說，有三個不同的步驟：

第一是我們所看到的一切，都是我們願意看到的。譬如，你想認識一個朋友，當你喜歡他的時候，你會把他所有的優點都列出來；反之，當你討厭他的時候，他就一無是處了。所以，同樣一個行為的表現，我會選擇我所要看的部分去看，白日夢就是這樣。

第二是設法尋找一些管道，把自己內在壓制的欲望發洩出來。有一個作家說得很好：「我們每一個人的心靈，都有一個沼澤，好讓心靈裡面的髒東西可以排泄出去。」這話說得很妙。

心靈如果像一條河流，就需要沼澤，這好像我們的身體需要一個盲腸一樣。看起來沒有用，其實很有用。沼澤可以讓你排放不要的東西。我們最習慣的發洩心理壓制的做法，就是跟別人傾訴。大家都知道這個意思，就是交朋友有時候都得互相當垃圾桶。譬如，今天我心情很不好，就隨便找個朋友向他傾吐所有的抱怨，這些真的像是垃圾，沒有一句話是值得重視的。這個朋友實在太好了，他靜靜地傾聽，你就拚命地講，講完了心裡很舒服，因為垃圾已經清除光了嘛！但是，你也得回饋一下，所以下一次他有什麼事的話，你就要準備。久而久之，我們就習慣了，準備幾個垃圾桶去接別人吐出來的垃圾，聽完畢之後，大家心裡面都覺得舒服。這是一種心理本能的要求，想把情緒說出來，不管說出來的是不是事實。事實上怎麼樣是另一回事，我的感覺比較重要，即使別人沒有那樣對我，我只要覺得別人那樣，我就受到傷害了。

第三個方法比較健康，就是把情緒昇華。譬如，聽聽音樂、看看書或是運動一下，轉換自己的焦點，讓這種壓制的情緒及欲望獲得昇華。這是尼采許多著作裡面都提到的觀念。我們可以從這兒看到：一個人活在世界上，是很容易忘記自我，而變成剛剛提到的第三種虛無主義的情況，過一天算一天，沒什麼奮鬥，也沒什麼頹廢，就跟著群眾一樣過日子。尼采認為這是不負責的態度。

上帝死了

尼采最有名的論斷是什麼？即是：「神死了，上帝死了！」他在一本書中，一開頭就說：有一個人，大清早拿著燈籠在街上走，別人看到就笑他：「嘿！你幹麼拿燈籠呢？」那個人就說：「現在是晚上啊！一片漆黑，你們不覺得嗎？」別人說：「怎麼會一片漆黑？這麼亮，我們都看得很清楚啊！」他說：「不會啊！我覺得一片漆黑，所以要拿燈籠。」別人問他為什麼？他說：「上帝死了！」

「上帝死了」代表什麼？宇宙沒有光明，一切沒有意義了，一片虛無、一片漆黑。「上帝死了」就代表虛無主義正式的宣告。為什麼這樣講？因為傳統西方信仰以基督宗教為主，是以上帝做為信仰的基礎。因為有上帝，所以一切才有意義。你為什麼活在世界上？因為上帝造了你。你為什麼對別人那麼友善？因為上帝希望你這樣做，要背十字架，跟上帝走。你為什麼死得很平靜呢？因為你要回上帝的家鄉去了。所以，上帝如果不在，一切都變成虛無了。

他在這本書裡面說有一個人大清早提燈籠去找上帝，大家都笑他，就跟老子講的一樣：「不笑不足以為道。」大家都笑他，就代表大家都還沉迷在日常生活裡面。的確，經過深刻反省就知道，從前所謂的道德都出現問題了。為什麼？因為都變成世俗生活的一些方法，不是真正的道德或自我要求，只為了迎合別人的需要。大家都認為這樣比較好，所以我就這樣做；我並非真的想這樣做，而是因為大家都希望我這樣做。所以，我們都活在半空中，互相製造一些虛浮的狀況，忘記了踩在地上，做自己應該負責的事情。尼采說「上帝死了」，是因為很多人還在言行不一地信仰它。他們說，怎麼會死呢？不是有教堂嗎？教堂應該有上帝在裡面。尼采說：不是！那不是教堂，那是上帝的墓碑。所以上帝真的死了。這就是著名的「上帝死了」的理論出現的背景。

我們要問：他為什麼說「上帝死了」呢？這句話到底有什麼根據呢？一般人的道德是根據他們的信仰，但是他們的道德已經不是道德了，他們的信仰是沒有力量的信仰。有些人宣稱信仰上帝，但是你看他的行為表現就知道上帝死了。他不信還好，有他這種人信仰上帝，正好證明上帝死了，而且還死了很久。

我們可以瞭解，當時的西方社會，以及尼采所見的情況：宗教變成一種世俗化的東西，有些出家人或神職人員的行為並沒有特別高尚，反而都在搜集世間的利益。弄到最後，宗教變成世俗的工具、世俗的機構而已，沒有任何超越性，對人的精神也沒有任何啟發。因此，尼采說「上帝死了」，他要重估價值。

我們平常作評價，這是 Valuation，尼采強調的是「Transvaluation」，是什麼意思呢？「Trans」就是要重新再來一次。也就是說，原有價值已經舊了、失效了，我們必須重新估定一個價值標準。尼采所謂上帝死了，並不是說他看到上帝死掉了。上帝怎麼看得到呢？他只不過看到一般人的價值已經開始腐化了，價值等於是工具而已，並沒有真正的價值。所以，「上帝死了」是要把傳統西方社會依靠宗教而建立的道德，重新加以檢討。道德在從前是建立在宗教信仰之上的。舉個例子：你為什麼守規矩呢？因為上帝無所不在，我就不得不守規矩了。我們中國人講「不欺暗室」，一個人在漆黑的房間裡面，沒有人看到，不做壞事嗎？為什麼？因為有良知，這是儒家說的。其實不只是良知而已。儒家所描寫「慎獨」，是有如「十目所視，十手所指」（《大學》），還是怕別人看到！這房間裡雖沒有人，我若做壞事，就好像有十個眼睛在看，十隻手指在指著我，我就不得不老老實實的。這樣的良知蠻辛苦的，一天到晚只想著別人在看，卻沒有想到是我自己該做的。

那麼，根據基督宗教，一個人為什麼要做好事呢？譬如，我現在關起門來，只有我一個人，我是不是要做一點壞事呢？不行！上帝無所不在，無所不知。就好像儒家講「十目所視，十手所指」一樣，都是要配合外在的要求，使我去行善避惡。西方所謂「道德基於宗教」就是這個意思。因此，西方傳教士來到中國之後，給羅馬教廷寫了一封信，其中就提到這一點。信上說：「很奇怪！我們來到中國，這裡的人並不信我們的上帝，但他們又有很高的道德水準。」他們很驚訝！一個人不信上帝怎麼會有道德呢？的確，想想看，一個人不信上帝的話，怎麼會有道德？能騙就騙，能偷就偷，反正沒被發現就好，這就是一般的情況。但是如果你信了上帝就不行了，沒有任何地方可以欺、可以騙的，因為上帝無所不在，所以一信就會有道德。這是西方傳統以宗教做為道德基礎的結果。但是，一個社會整個腐化時，代表什麼？代表大家都虛偽了！宗教信仰不虔誠，道德行為缺乏內在的基礎，變成虛應了事。所以，尼采看不慣這些，認為應該宣稱上帝死了。

尼采說上帝死了，給他自己帶來很大壓力。他當時不能被人接受，引來不少批判。他的身體不好，曾經在戰爭中受過傷，後來也沒有完全復原，加上又繼續努力思考寫作，晚年就淪於精神分裂。所以，哲學上有個笑話，就是：尼采說「上帝死了」，上帝說「尼采瘋了」。

「上帝死了」，是指你現在的價值觀已經腐化了，若是建立新的之後，還是可以找到上帝，因為上帝本身無所謂生死，會生會死是人的世界。我們有時候會說「昔日之芳草」真好，「今日之蕭艾」就不行了。看一個純潔的年輕人，有理想、有抱負，就覺得很有生命力，很有希望。再過幾年一看，怎麼變成這個樣子呢？被世俗同化了。從說話到行動，完全跟隨著世俗的標準，正是所謂「近朱者赤，近墨者黑」，完全被社會的染缸同化了。這個時候，我們會覺得這個人不再像以前那樣清純可愛，而已經完全俗化了！也許再過幾年，這個人改過遷善以後，我們會覺得他好像「重新做人」。重新做人就好像重新建立價值系統，一個人的生命由死到生一樣。所以，尼采講「上帝死了」，目的何在？他的目的並不是要詛咒上帝，也不是要與宗教為敵，他反對的不是宗教或基督，而是虛偽的基督徒。有些基督徒生活已經腐化了，還要號稱自己是基督徒。所以，我們要知道：最擔心的事情之一，就是一個人有了某種道德水準，就以為自己道德很高；一個人有了某種信仰，就以為自己一定得救。這種以為自己一定如何，就是一種自以為「義」，自以為自己正當，自以為自己對的心理。這種心理，很容易讓一個人在時間的考驗裡面、在現實情況裡面虛偽化了。為什麼？因為人在本質上，的確有重新振作的需要，也許人性的弱點就在這裡。你說這是弱點也好，是優點也好，人就是必須不斷在認識自己的真相之後，重新出發，而不能以某一個固定的系統（外在的也好，內在的也好），認定自己一定是對的。一個人一旦認定自己是對的話，馬上就會有驕傲、狂妄的表現，而這種表現是偏離了人性的基礎的。

由此可知，尼采對宗教的批判是很嚴厲的。因為他認為宗教都是對生命說「不」。譬如，信教的時候，不能吃太多，不能喝酒，不能做很多很多的事情。宗教徒一定跟你說「戒」，比如今天有一些佛教徒說「七戒」，哪七戒呢？戒吸毒、戒酗酒、戒色情、戒貪污、戒賭博、戒暴力和戒妄語。

我們發現，這些惡行大都是黑社會的人才會做的啊！一般老百姓需要這七戒嗎？我們早已經戒了！去做這七樣事情都是很可怕的。那麼這種普遍宣傳有什麼意義呢？我們聽到之後會覺得這是社會教育呢，還是宗教教育呢？這就是不瞭解宗教特色的表現方式。

我們再舉個例子來看，如果是基督徒，就要守十誡：第一，只能信仰一個上帝；第二，不能夠亂稱上帝的名字，跟上帝開玩笑；第三，禮拜天要進教堂；第四，要孝順父母；第五，不可殺人……這幾戒跟每一個人都有關係。而今天講的七戒，跟宗教扯不上關係，完全是政治、社會上的問題，有點像警察講的話，像不准有暴力，不准有色情之類的。這說明了什麼？這說明因為沒有真正瞭解宗教的精神，所以在藉宗教從事許多社會活動的時候，就會混淆界限，把信仰當作警察一樣，這是錯誤的。

信仰基本的原則，不是要幫助警察，而是要使社會有一種超越的力量。不是投入，而是超越。也許信徒認為這樣才能真正關懷人間，但我們覺得人間有人間的手段、方法，可以改造這個世界，而宗教有宗教的領域。尼采認為宗教都是偏向奴隸道德的，勸人不要這樣，不要那樣，戒這個，戒那個，戒到最後，變成什麼都不能做了。所有原始的生命力都不能過分表現，什麼事情都要自我約束，也就是對生命說「不」。尼采一再強調要對生命說「是」，那麼生命究竟代表什麼呢？這就是我們接著要談的：尼采認為，生命的本質就是「權力意志」。

權力意志

「權力意志」，簡單說來，尼采認為是在每個領域都有的。舉物質世界為例，物質世界是有結構、有能量的，每一種能量都在找機會釋放出來，每一個生命也都在找機會把本身的能力釋放出來。所以，我們聽到「權力意志」的時候，不要把「權力」想成是政治權力，而要想成是一種力量，或是一種生命的要求。在物質世界中可以看得出來，每棵樹木在成長的時候，根會儘量佔領土地，樹葉會儘量佔據天空。植物的生命就表現在它權力所能表現的範圍。尼采說：「存在就是把生命力表現出來。」你看到牆壁上長植物，就會覺得尼采說得很有道理。牆壁是磚塊與泥土，怎麼會長出植物？它就是會長出來，這就是權力意志的表現。

生存只不過是權力意志的一種表現而已。萬物都追求自我保存、自我保護生命，尼采認為這樣比較消極，應該更積極地展現出自我來。自然界裡面，所有的物質組合都是內在的能量準備要釋放出來，一有機會就擴張自己的力量。植物也是一樣，動物更是如此。每一種動物，在它的生命力沒有受到阻礙之前，是不會客氣的。受到阻礙的時候，就是說它被更強的動物所壓制，這代表更強的動物的權力表現出來，它只好成為「權力意志」下的犧牲品了。

但是不管怎麼樣，在沒有犧牲之前，它還是要盡它的權力去爭地盤、求生存。所以，尼采的「權力意志」肯定了宇宙萬物都是「權力意志」的表現，人當然也是如此。但是在人方面怎麼表現呢？

哲學家習慣把宇宙萬物打成一片來談。為什麼？因為如果區分宇宙萬物，情形就會變得複雜了，他想問的是：有沒有統一的共同原理來解釋一切？哲學家的這種習慣，是標準的理性運作模式。譬如，西方第一位哲學家是泰勒斯，為什麼？因為他說了一句話：「宇宙萬物的起源是水。」這句話事實上有些問題，因為水之外，還有土，還有火，不是嗎？但是說了這句話就變成哲學家，為什麼？因為他知道用「一」來統合「多」，這就是哲學家的基本作為。

許多社會問題，討論起來是沒完沒了的。如果你選擇某一方面的資料或經驗，也許可以自圓其說，但是另一個人講另外一套，又可以自圓其說，那怎麼辦呢？就要看誰講的比較根本了。所以，為什麼哲學重要呢？就是因為許多問題到最後常會探索：人性是什麼？接著進一步問：到底宇宙的基礎何在呢？譬如，儒家就會說「天」，道家就會說「道」，這就是他們的標準答案。如果問西方人，宇宙的基礎何在？通常會答以上帝。所以，他們的思想與宗教有契合的地方。

尼采如何回答這個問題？他說宇宙最後真實的內涵，就是「the Will to Power」。他的意思是：宇宙最後的真正核心，就是「權力意志」。我們剛剛提到的物質世界，如植物、動物，都是權力意志的表現。尼采為什麼有這種理解呢？他認為，我們從人類自己的心靈去反省，會發現自己就是一個「權力意志」的表現，再推到宇宙萬物。尼采並未研究科學或研究植物學，他只是說，我先反省自己，發現了生命本身就是「意志」，這個意志不但是為了保存自己，而且是為了擴張自己的力量，要把力量發洩出來。把力量用出來的話，就會佔據更多的地方，讓自己的活動空間更大。他從這種內在自我的心靈反省，發現生命就是「權力意志」，這種反省到底對不對？我們如果看小孩子的表現，就知道這是很自然的。我們自己也是一樣，我們所到之處，總希望自己的力量能夠表現出來，最怕到一個地方去，沒人理你，多一個你、少一個你也沒什麼差別，這時就會覺得自己的生命沒有什麼意義。生命怎樣才有意義呢？譬如，你到一個地方去，就製造了差別，「存在就是製造差別」，差別表現出來，就表示你的生命力展現出來了。這是很自然的，沒有人可以否定這一點。我到任何一個地方去，內心都希望被人家肯定，讓別人知道我來之後，一切變得不大一樣。從這兒推出，一棵樹也一樣，只要有能力，是絕對不會退讓的。這一切都是與本能比較有關係的，都是要求生命擴張力量，讓力量可以展現出來。

舉個例子來說，什麼是知識？知識就是我們使用一些概念來瞭解實際變化的世界。世界本身是變化的，這是受到黑格爾思想的影響所採取的基本立場，再加上達爾文進化論的強化作用。達爾文由生物學來研究生命現象，所以會把宇宙看作是有生命的。以前怎麼看呢？宇宙是物質，而物質是沒有生命的，以物質為主，生命成為附帶的現象。但是研究生物學之後，就會以生命為主，物質反而變成有生命的物質了，變成所有物質都有某種力量。譬如一座山，有一座山跟沒有一座山是有差別的，因此，山的存在就代表某種力量。宇宙萬物都可以從這種角度解釋。

宇宙萬物充滿變化，人的知識就是要建構一套概念，把變化之流穩定下來，不再變化。概念就是使它靜止，使它抽象，然後把它展露出來。譬如，沒有一棵樹每天都是一樣的，甚至只要是有生命之物，沒有一剎那是一樣的。孔子說過：「逝者如斯夫！不舍晝夜。」一條河不停地流，孔子經過時一看，發現時間的流逝像這條河一樣，白天晚上都不停息！既然如此，你怎麼知道世界的真相是什麼呢？如果只從變化的方面去看，永遠追不上。好不容易才看到這一剎那，它又立刻變為下一剎那。因此，只有使用理性，建構一些概念，再用抽象的概念，來掌握具體的真實，掌握到之後，就可以控制它了。所以，一切知識都是人類要設法控制自然界的表現。此外，我們在建構知識的時候，一定會以某些觀點加以詮釋。「詮釋」這個詞，當代的文學與哲學用得非常普遍。詮釋是「interpretation」，就是解釋。在解釋一樣東西的時候：當然先有預設的觀點，否則怎麼解釋呢？那麼這預設的觀點是誰定的呢？是你自己定的。人類解釋的世界，一定是人類所要的世界。換句話說，我們本來不瞭解世界，現在要去瞭解，就要建構一套概念，以便解釋世界。所以，知道就是控制，就是支配。「知識就是權力」，這句話本來是培根（Francis Bacon, 1561-1626）所講的：「Knowledge is Power」。但是，在尼采看來，本來就是這樣，你不說也是一樣。因為每一個人去認識一樣東西的時候，都是按照自己的概念去掌握那個變化之物，使它靜止下來，再加以掌握，一旦被你掌握就被你控制了。所以，知識就是去控制一樣東西。

因此，你有一個詮釋的角度與立場，把這個變化的世界靜止下來，瞭解之後，就可以利用它了。這也是「權力意志」的表現。知識就是「權力意志」以理性表現，以便能夠掌握變化萬千的世界，並加以利用。

這種知識觀點與當代的一種說法很接近。它說，知識就是有權力者的表現。這和尼采的講法不大一樣。尼采只是泛泛地說，所有知識都是人類「權力意志」的表現，目的是為了掌握自然界與他所研究的對象。這是尼采的基本觀念，這個觀念是有其根據的。

超人是大地的意義

接著，「超人」終於出現了。在尼采思想裡，「超人」是一個關鍵的概念。「超人」這個字，英文叫 Superman，很容易引起誤解，而聯想到卡通與電影裡的「超人」。所以翻譯德文「超人」（übermensch）為英文的時候，最好翻成「Overman」。Over 就是走過去的意思。尼采本來的意思就是指「走過去的人」。什麼是「走過去的人」呢？尼采認為，如果接受達爾文進化論，肯定人是由比較低等的動物演化而來，那麼接著就要問，人下一步要變成什麼？你一定要追問這個合法的問題。如果你不問，反而不能自圓其說。

舉個例子來說：動物演化到最後變成人類，人類就說不能再演化了，我們就是最後的結果了。但是，怎麼可以這樣講呢？因為在幾十億年的過程裡面，人類才出現幾萬年啊！真正像我們這樣的人類，出現只有兩萬年左右，兩萬年以前的人類遠祖，是不是「人」還是個問題，因為他們的遺跡都跟人猿差不多。真正有目前人類理智這樣表現的，差不多是兩萬年前開始的。既然如此，怎麼可以在幾十億年的發展過程裡面，說兩萬年前的演化要到此為止，並且人類就是演化的目的。人類本身是演化的一個過程，又怎麼說這是演化的結果呢？所以，接受進化論的話，同時必須問一個問題：人類要變成什麼？這是一個合理的疑問。

人類要變成什麼？尼采說，我不知道要變成什麼樣子，但變成「超人」是沒有問題的。所以，他接著反問：人類是什麼？人類只不過是介於動物與「超人」之間的橋樑。人類只是過渡的工具而已，本身並不是目標。一座橋樑是要走過去的，因此，什麼是「超人」呢？他比喻說，就像馬戲團裡走鋼絲的人。一個人一定要走過去，不走過去的話，永遠都停留在這一邊，生命不能開展。走過去的過程很危險，因為很可能摔下來，你必須面臨這種挑戰和考驗，如果成功，就變成「超人」。這種說法目的何在？目的是要說明群眾聚居的社會一定推崇庸俗的道德，就是我們常常講的「芸芸眾生」，把大家都視為在滾滾紅塵中不得翻身的樣子。尼采對這種情況覺得厭惡，覺得這些人與動物差不多，喜歡群居在一起，像螞蟻一樣。「超人」一定是個別的，怎麼可以跟別人混成一群呢？「超人」走過去時，像走鋼索，只能一個一個地走。這裡就顯示要求個人面對挑戰，須有自我超越的堅強意志，準備接受一切的考驗。所以，他的思想在提到「超人」的地方，顯示一種特別悲壯的精神，好像他的生命力要發揮出來，就必須忍耐別人所不能忍的。

這種「超人」的想法，由我們的背景來看也可以欣賞。譬如，孟子說：「天將降大任於是人也，必先苦其心志，勞其筋骨，餓其體膚，空乏其身，行拂亂其所為，所以動心忍性，增益其所不能。」如果尼采讀到這段話，一定會很佩服的。為什麼？因為一個要承受大任的人，當然是一個「超人」，比起一般人他是出類拔萃的。一個人即使有豐富的潛力，如果沒有經過鍾鍊與考驗的話，是沒有用的。所以，生命的意志應該像古聖先賢所強調的一樣，要有考驗的機會，尼采肯定類似的道理。所以，不能平凡度日，如果你的生活是舒適的、熟悉的，覺得很有安全感，那麼頂多不過像是一個小孩子，他找到一個熟悉的環境，害怕有什麼變化，一有變化的話，就不知道下一步該怎麼辦了。然而不知道下一步該怎麼辦，才會去想新的辦法，創造新的前程；如果你每一步都被安排好，從來沒有任何恐懼，就不會逼自己去創造。你這一生，本來可以表現不同面貌的，現在因此而忽略、放棄了，一切都按照父母的規定及模式來做。

最近看到一篇有趣的文章，作者說他的祖母很老的時候照了一張相片，他的母親老的時候也照了一張相片，穿的衣服居然和她祖母的一樣，姿勢也都一樣，為什麼？因為人都喜歡模仿。他的母親小時候看見祖母很威嚴，就認為人老了這樣才有威嚴，她活了一輩子，最後也希望這樣拍一張相片才願離開這個世界。然後，下一代的人說不定也這樣拍一張相片，結果一代一代下來，在七八十歲時都差不多，那麼人的個性何在呢？我們如果都是靠習慣，靠周圍熟悉的人群及生活方式來使自己覺得安全，我們就需要太多的保護了。如此，自我生命成長的要求，恐怕就受到忽略了。

當然，成長一定有考驗，會遇到危險，就像走鋼索一樣，一不小心就會摔死。在這個時候就要問自己為什麼一定要這樣做？尼采認為：你這樣做是出於內在的要求，因為你有一個「the Will to Power」（權力意志）。催促你要把生命的力量發揮出來。他的觀念就是：人的力量如果沒有充分發揮，就是一件不好的事情。

尼采又說：「超人是大地的意義。」大地代表宇宙，也代表這個地球。地球為什麼會有意義呢？因為它要等待「超人」的出現。具體形容的話，「超人」的智慧、性格、意志，能夠完全獨立，從內到外都達到最高境界的發展，達到最大可能的實現。其實也就是把一個人的本能，如：知、情、意、性格、體力都充分發揮出來。所以，一定要形容這樣的人的話，只有以下兩個人合為一體，就是歌德（Johann Wolfgang von Goethe, 1749-1832）與拿破崙。如果歌德與拿破崙變成一個人，大概就是尼采所謂的「超人」了。歌德的智慧、文筆、才華，在當時的歐洲是傑出超群的；拿破崙更不得了，德國人曾被拿破崙征服，以致老百姓都想學法文，後來才被幾個哲學家挽回頹勢，其中包括費希特（Johann Gottlieb Fichte, 1762-1814）。費希特發表《告德意志國民書》，提醒老百姓：你們為什麼要崇拜法國人呢？如果法國人有什麼榮耀，我們一樣也有，因為我們的祖先與他們是一樣偉大的，他們的語言有什麼高明處，我們的語言也有。他強調德國人有自己的傳統，不要去崇拜別人。他更鼓勵德國人要有新的精神，不要老是按照舊的方式來生活，要能夠自我革新。因為內在的自我非常可貴，一定要把他表現出來。費希特以哲學家的身分把道理說出來，告訴老百姓，希望他們振作起來，效果相當可觀。

在尼采來說，如果講「超人」，就以歌德與拿破崙為例。拿破崙代表世俗的力量、政治權力的表現；歌德代表人文的精神與智慧。這二者配合起來的話，既能在世界上表現權力，又能在精神領域開展空間，真是太理想了。事實上，像這樣的人，在世界上當然是不可能出現的。

無論如何，尼采認為「超人」是一個人應該嚮往的目標。

最後要談到「永恆復現」的觀念。「永恆復現」簡單說來，就是在無限的時間裡面，會有週期性的循環，一切發生過的人、事、物，會不斷地重複。譬如，我們現在在這裡上課，根據尼采的理論，經過多少世代之後，我們又會這樣上課，而且情況是一樣的；我講一樣的話，你們寫一樣的筆記，這就是「永恆復現」（Eternal recurrence），永恆不斷地重新出現。

尼采為什麼這樣想呢？因為他認為這個世界是封閉的。在一個封閉的世界裡面，能量不滅。當時已經知道能量是可以一直保存的。世界是封閉的，能量只是在封閉系統中不斷地運轉。在封閉系統中運轉，就不能設定目的，不能說這個封閉系統運轉到最後要讓人得救，得救去哪裡？天堂只不過是人所設想的一個外在世界。整個世界是封閉的話，整個能量的結構和組合——是碰巧的也好，是故意的也好，一定會週期地循環。你看電子圖，就是在那兒循環。尼采就把這個全部一切不斷地循環，做為他最後的理論。

這個最後理論的目的何在呢？目的是要給自己的生命作最後的交代。你既然不能相信上帝會來拯救你，就只好相信在這個現實世界裡，可以自己得到拯救。但是這種拯救不是「超越」，而是「內存」。「內存」就是內在所存的。宇宙是封閉的，所有的一切，用現實的、自然的條件都可以解釋，這是「內存」。而「超越」是因為肯定「內存」不夠，亦即地球本身不足以解釋自己，人的生命需要另外找到解釋，這叫作「超越」。所以，一定要在地球之上有一個「道」，有一個「天」，有一個「上帝」，這些都是屬於「超越」的。尼采不能接受這種觀點，他認為一有「超越」的話，就會壓低人性。就是說，我一信仰上帝，就會覺得自己卑微，因為上帝的力量遠比我更大；相反，如果我什麼都不信，我就不得不偉大，人性可以無限提高。因此，在一個封閉系統裡面，必須用「永恆復現」來加以解釋。如此就把人生意義的追求，延伸到同樣事件的不斷重複裡面，也就不用問人生到底有什麼意義了。

這樣是不是有點宿命論（fatalism）呢？譬如，多少世代以前，我們曾經如此聚會過，今天我們又這樣聚會了，多少世代之後，我們又將這樣聚會，那麼，會不會改變呢？會不會哪一天突然跟以前不一樣呢？尼采說不可能。為什麼？因為能量不滅。能量不只是指物理學上的能量，它是指所有存在之物的內在生命力，這些都是一樣的。你在這樣的條件之下，只能有這樣的表現，沒有第二種可能。

可是，這裡出現一個問題：自由意志怎麼辦呢？你說你是自由的，的確，你自由去做一些事，你以為自己自由。但是，你真的自由嗎？其實你是被內在的「權力意志」所決定的。這是尼采的觀念，是人生沒有出路的必然結果。他最後因病發瘋，也許實在是想不出來該怎麼辦了。他這種封閉系統的思想，是很有問題的，因此，最後不得不提出「永恆復現」。試問，誰能認同我們再過幾十個世代，大家又這樣地聚在一起呢？

如果生命可能有輪迴，你會希望自己下一次輪迴時坐在老師的位置上。每個人都希望有輪迴的話，要換一個更好的角色，這是人性自然的要求。但是照尼采這樣講的話，我們只有今世，除此之外還有什麼？明天發生什麼事情，我不知道，但是如果我曾經做過，那麼明天發生的事情已經做過了，再怎麼改變也都一樣。所以，他的理論本身有些困難。不過，我個人認為「永恆復現」只是一個理論而已。尼采也只是提出來，做為封閉系統的一種解釋而已。

的確，如果生命是封閉的系統，自然要否認天、道、上帝……這一切都否認的話，宇宙內部就是一個圓滿的系統，然後只能像尼采這樣說了。如果宇宙真是一個封閉的系統，人生有什麼意義呢？意義就是要這樣活著！意義就是在人群中得到肯定！但是，同時又要做「超人」，要與人群決裂，那麼怎麼辦呢？所以尼采內心很苦。在那個時代，要與時代保持對立的鮮明立場，又要使思想能夠合理，但心裡懷念的卻是希臘時代，再加上看到德國人又不爭氣，所以他內心很痛苦。後來希特勒（Adolf Hitler, 1889-1945）當政的時候，把尼采的像掛在牆壁上，當成精神上的領袖。希特勒自己希望成為「超人」，就照尼采的方式研究怎麼樣成為「超人」，結果竟把猶太人當作低等動物，要把猶太人消滅。他為什麼要消滅猶太人呢？其實種族原因之外，還有經濟原因。因為猶太人大多頗有資產，而戰爭時需要資產，他找不到藉口，只好訴諸尼采。後來有些人把尼采當作罪惡的象徵，也與此有關。他提出「超人」的觀念，那麼請問誰來決定誰是「超人」？權力！我今天有絕對的權力，就代表我是「超人」。於是，形成赤裸裸的鬥爭，實在可怕。就像物理學上所講，只有強的原子會打敗弱的原子；或是動物學裡面說的，更強的動物勝過較弱的動物。這麼一來的話，人有什麼特色呢？不是跟動物都一樣了嗎？只是一個生命力在要求擴張而已。這是一個很大的問題。

我們在討論尼采的時候，有時描寫他的思想為強者的哲學、超人的哲學。但是，把它放在社會的脈絡上，就會出問題。我們在這裡不必立刻說尼采是受生物學的影響，把人看作跟動物一樣，只是在追求赤裸裸的權力。我們還要進一步注意精神方面的問題。事實上，「超人」真正的表現，乃在於他的精神，而不在他執著於世俗的需要上。他看不起群眾，是因為他不願和群眾一起爭奪世俗的利益。從這一點來看的話，倒是相當可取的，這在尼采的《查拉圖斯特拉如是說》一書中表現出來。

我們可以從尼采學到什麼呢？雖然有些人因為信仰的理由而討厭尼采，但是我們不能否認，尼采的思想確實帶有很強的分裂性格。所謂「分裂」是說，你讀了尼采之後，會想與周圍的人保持距離，會想向你過去的自我宣戰。隨意選讀他幾句話，就會奇怪自己以前怎麼過那種生活呢？覺得自己應該奮然振興。

我們將提到以下幾點：第一點是他著名的「精神三變」說，這是《查拉圖斯特拉如是說》一書中所提到的。他說人的精神，第一變變成駱駝，第二變變成獅子，第三變變為嬰兒。駱駝代表承受痛苦的能耐，表示一個人活在世上，一定會受到各種災難和考驗，譬如傳統的包袱。我每次看見中學生上學背著沉重的書包，看起來就好像駱駝。什麼時候像獅子一樣呢？進大學之後。承受過了考驗，能力就培養出來了。如果沒有經過駱駝階段的考驗，怎麼承接傳統呢？怎麼接受知識、技術、能力呢？通過駱駝的考驗之後，才能像獅子一樣，有勇敢的精神，毫無畏懼地奔向前程。我覺得尼采的說法很可取，因為每個人都要先承擔考驗，不勞而獲是無益的。不勞而獲的話，內在是空虛的，只是得到外在的東西。外在一旦失去，內在還是一樣什麼都沒有。但是，勞苦而獲的話，在苦的過程裡便把許多素質與潛能，磨鍊之後再發揮出來。今天許多人的成就，都是曾經努力奮鬥而得到的。所以，一旦有了能力，就像獅子一樣，表示你要開創一個新的局面。

但是，光是這樣開創還是不夠的。因為開創的目的是要變成嬰兒。嬰兒代表圓滿，代表無限的可能性。也就是說，你最後還是要與你所見的宇宙與世間的一切，都回到和諧的境界。就這點來看，尼采的思想並不是我們前面所見的高貴、強者、超人跟世俗決裂，事實上，他談到嬰兒這個境界的時候，就有一種圓滿的嚮往。

歷代哲學家重視嬰兒的，例子倒是很多。譬如，孟子說「大人者不失其赤子之心」，老子也說「復歸於嬰兒」，耶穌也說「讓小孩到我的跟前來，因為天國是他們的」。尼采也強調精神要從駱駝、獅子再轉變為嬰兒。我們所說的嬰兒有一個分別：一方面是說嬰兒是無知的，這不是我們的意思；另一方面是說嬰兒是純潔的，在知的時候能夠無動於心，可以完全超越，所以代表無限的可能性。看到嬰兒，就覺得他將來可以變成任何一種人。所以，精神上如果從駱駝變成獅子，再變成嬰兒，代表又是 個新的開始，一個新的可能性。

《莊子》講「北冥有魚，其名為鯤」，鯤變成鵬，展翅而飛。這是什麼意思呢？這是說明人的精神有幾個變化：精神在海中需要水，變為鵬往上飛的時候需要空氣，需要空氣比需要水更逍遙了。因為水代表實質的物質，空氣代表無形可見的東西。那麼，再進一步飛到最高的地方，才能真正解脫自在。莊子也是強調精神要轉化。第一流的哲學家提到生命的時候，無一例外地強調生命本質有一種條件，必須加以轉化、提升之後，再展現出來氣象完全不一樣的境界。

其次，我們談到「超人與考驗」。

尼采提及「超人」的時候，並沒有指定某些人可以做，某些人不能做，因為他是對所有的人講的。雖然自古以來能夠達到「超人」這種理想的，本來就是極其少數。因為要下定決心去吃苦耐勞，把內在的潛力充分發揮出來，很多人不願意這樣做或者做不到。的確，如果有兩條路讓你比較選擇，你要平凡舒服過日子，還是痛苦奮鬥努力，最後得到榮譽，你會選擇哪一條路呢？所以，尼采強調的「超人」，在體格上要很強壯，能夠離開群眾到山上去吃苦耐勞。像查拉圖斯特拉一樣，離開人群到山上去，很多年後再下來，這樣證明他可以獨自生活、沉思、忍受孤獨、與群眾隔絕，這些都是製造「超人」的條件。

我們說每一個人都可以學習「超人」，是因為每一個人都有內在的精神主體。這個精神主體需要考驗，必須與舒適的生活、群體的習慣，以及一般的想法隔絕。沒有隔絕的話，精神就容易被牽扯、被耽擱下來，於是不能表現精神獨立的特色。所以，尼采真正希望的，是要人把內在的潛力完全激發出來。

那麼，痛苦好不好呢？對尼采來說，什麼是「快樂」呢？快樂就是「權力意志」得以伸張。的確如此，如果我是老闆，我說怎麼做就怎麼做，我的權力意志得到伸張，這是很痛快的。這也就是為什麼很多人喜歡當老闆的原因之一。什麼是「痛苦」呢？「權力意志」受到挫折。我當老闆做生意，後來失敗了，受到挫折，就會產生痛苦。但是痛苦一定不好嗎？尼采說不一定。他說，痛苦對某些人的生命來說，反而是好的。沒有痛苦的話，怎麼會越挫越勇呢？

沒有痛苦的話，怎麼會達成下一個更大的目標呢？所以，尼采對於痛苦的看法，對我們是有啟發性的。一般人都不喜歡痛苦，總覺得痛苦是生命的挫敗，但是尼采認為痛苦是達到更大快樂的一個必要的手段和過程。

痛苦可以激發人的潛力。這句話在平常的勵志作品中都可以看到，但是尼采可以把道理說出來。生命是「權力意志」的表現，痛苦是一個挫折，但是不必屈服，要想辦法讓「權力意志」繼續表現出來。這樣一來，就構成一個理論了。所以，要區分哲學與勵志作品有什麼差別，關鍵就在這裡。一般的勵志小品都是片斷地採取一兩個觀念。提供一兩個小故事，年輕人看完了就忘記。哲學為什麼重要？因為它給你一個系統，讓你理解的時候不會只看一面；看到表面的時候，要知道內在的結構是什麼。這一點掌握住之後，你碰到實際變化的考驗時，就知道應該怎麼堅持，為什麼堅持，這些道理都可以說清楚。所以，哲學和一般心理學、道德訓言之類，有顯著的差別。哲學主要在於強調整體性與根本性，你碰到問題時，就要想到最根本的因素，根本解決的話，其他就都解決了。譬如，我在社會上工作時，常常受騙，以致對人性失望，於是我就說人性都是黑暗的，都是惡的，這種說法當然有問題。因為這只是我在某個環境、某個時段下的生活體驗，不能因此就代表我看到人性本身是什麼。

人性應該涵蓋人生命的全部，從生到老到死，因此要想瞭解人性，當然需要哲學了。那麼，人性到底是什麼呢？從西方來看，人性有自我保存的要求，因此，人與人之間的鬥爭，是因為自我保存發生衝突。如果接受儒家，會主張人性向善。一切遭遇恐怕是因為我自己有問題，我應該注意到人與人之間適當關係的實現。如果在社會上做不到，我可以回歸最基本的家庭中的人際關係。這樣有個基礎的話，問題就容易解決了。你會發現，外在的人際關係搞得再好，基本的人際關係若搞不好，照樣是痛苦的。我在外面很得意，而我的父母親對我不滿意，那麼我還是失敗的。反之，外面不得意，父母對我很滿意，就會使我覺得做一個孩子是快樂的事，這就是做人的一個重要基礎！

孟子說：「唯順於父母可以解憂！」只有孝順父母可以解除憂愁，所以我再怎麼累，心情都非常好，因為我想到父母對我相當滿意。別人對我滿不滿意，我可以不在乎。因為別人對我不滿意，我可以慢慢表現，但父母已經年老，不能再等了。如果我不懂哲學，不懂儒家，我就不會想那麼多了。父母會看出你有沒有心意，這個心意不是一次、兩次表現，而是好幾年都是這樣的，父母就會知道你把孝順當作一件事情，認真地在做。

不論如何，一個人在世間是一個完整的生命，他要發揮出來的就是尼采所說的生命潛力。有時候要刻意去做，但是得到的方法與過程，不是橫衝直撞地把生命力赤裸裸地表現就可以的。人畢竟與其他生物不一樣，人有理智，有心安不安的問題，尼采沒有看到這一點。他沒有看到人的心在互相對待的時候，有相互主體的關係。然而，「超人」一定是獨立的，不能隨便與人溝通的。如果你與太多人溝通，就會妥協，但是「超人」不能妥協。所以，尼采的思想是「全有或全無」。由這一點來看，他的思想比較接近道家的思想。

《莊子》裡談到「我」時，強調「獨」：「獨往而獨來，是為獨有之人，獨有之人是為至貴。」因此，莊子形容自己說，「以天下為混濁，不可與莊語」，天下人是混濁的，不能同他們講正經的話。所以，在比較莊子和尼采的時候，會發現有些地方相通——都是肯定人生有境界。莊子的特色在於肯定靠智慧解脫，尼采則是要靠無限的生命力之自我超越，最後變成「超人」。所以，中國講超越形態，大多與道家的老、莊比較接近；而西方講超越形態，往往會覺得上帝高高在上，你再怎麼超越，永遠還是個受造物（Created being），受造物是永遠比上帝要低的。於是，如果你真要超越，就要否定上帝，以便讓人得以發展，讓人可以成為偉大的。如果上帝存在，我們怎麼可能偉大呢？的確，由基督宗教的角度來看，人永遠是受造物。在上帝眼中，沒有正義的人，因為人有「原罪」的劣根性，所以必須給人性一些基本的規範，讓人在社會中安排一生。但是，尼采這種人就不能接受上述想法，因為你一旦承認上帝，滿盤皆輸，生命就永遠不得開展了！

接著我們會問：既然不能充分開展，為什麼又給我這樣的生命力呢？如果上帝給我這樣的生命力，為什麼又不讓它實現呢？對此，真正的基督徒會說，沒有不能實現的，你可以轉化成為精神上的博愛，不是很好嗎？我在現實上的欲望儘量減低，但在精神上卻可以相當豐富。尼采的路線不一樣，他認為在精神的轉變上，仍然要求各種生命力的實現，即使是嬰兒，也都是在準備下一步無限的可能性。對於那種能在精神提升，因而放棄各種現實的欲望，甚至對生命欲望都可以轉化這一點，尼采的體驗相當少，這與他本身精神狀態不是很好，恐怕有一點關係。

那麼，一個人要做真我或假我？我們由尼采學到，一個人要對自己的生命忠誠。忠於「大地」，這是第一步。「大地」代表我與生俱有的一切，對「大地」忠誠，等於是對自己的生命力忠誠。我生下來有什麼生命力，就要讓它發展，在發展的時候，必須勇於與世俗決裂。與世俗決裂，就不應在乎世俗的肯定或世俗的批判。就這個意義來看，所有的哲學家都可以贊成，譬如，要人像蘇格拉底一樣，不可迎合群眾，而應該對自己負責。因為我忠於自己內在超越的要求，我就不用在乎群眾的想法，這一點是可以得到普遍認同的。

但是，為了這個目的而區分「主人道德」、「奴隸道德」，批判有神論的思想，否定基督宗教的某些觀念，這就有些偏激了。所以，我們年輕的時候讀讀尼采是不錯的，讀的時候真是寒天飲冰水，點滴在心頭！讀的時候，覺得透骨的清涼，真想立即與世俗決裂。但是，這種豪情能維持多久呢？如果宇宙是一個封閉系統，生命力最後往往變成一種狂烈的熱情，熱度非常高，情感非常深。這種生命力最後會耗盡，而不只是身體會衰老。

尼采只活了五十幾歲就發瘋過世。我們很難想像尼采活得很老很老。假設尼采活到八十歲，垂垂老矣，他要怎麼去想像生命衝力？怎麼去想像「權力意志」呢？生命衰老了，機能慢慢退化了，怎麼辦？

因此，一套真正體系完備的哲學，應該讓一個人面對從生到死的所有階段，而尼采哲學的難題也就在這裡。

內容簡介

哲學脫離人生，將成玄虛；人生脫離哲學，將無定位

華文世界近年最令人期待的哲普之作，由台大哲學系傅佩榮教授於一九九〇年代在洪建全基金會的一系列課程錄音整理而成，以「見解明確，方法清晰，系統完備，並且對現實人生有深刻的啟發」為原則，挑選從古希臘直到當代的二十四位西方哲學家，在「不搬弄太多原典，不在專門術語中打轉，同時以準確清楚的口語介紹西方哲學名家的思想」的基礎上，為大眾解讀西方大哲的人生智慧，體驗聖哲的愛智之趣。

不同於中國哲學重視整體見解、實用知識、道德傾向、社會關係，並自先秦儒家與道家出現後鮮有全新論述，西方哲學的思辨趣味可謂獨樹一幟，其風貌從古至今都是百家爭鳴，以哲學為「愛智」，勇於慎思明辨、追求真理。閱讀西方哲學，可以培養理性思辨的習慣，正是知識份子所應具備的條件。凡事但求合理，進而推究理性之依據，設法建立共識；這正是注重溝通的現代社會所需要的修養。

第一卷即從古希臘三哲之一蘇格拉底所奠定的西方哲學基礎上開展，依時序介紹柏拉圖、亞里斯多德、休謨、多瑪斯、奧古斯丁、笛卡兒、史賓諾莎等哲人；第二卷開始，引介影響近代思潮甚深的盧梭、康德、席勒、黑格爾、叔本華、齊克果、馬克思、尼采等；第三卷為柏格

森、懷德海、卡西勒、德日進、雅士培、馬塞爾、海德格、卡繆等近代哲人，呈現出承先啟後的思想演變，以及不同時代的特定挑戰。各章均有哲學家的生平簡介與主要觀念介紹，閱讀後即能掌握各大家的學說梗概。

本書的目標是邀請大家一同貼近西方哲學家的心靈，知道這些知名的哲學家究竟如何思考宇宙與人生的問題，如何提出一套完整的概念來表述自己的想法，以及他們的心得對我們現代人有何種啟發作用。站在這二十四位巨人的肩膀看世界，對於西方思潮的發展主軸與特定風格，便不覺得陌生，進而開拓視野、提升思想高度，非常適合做為接觸西方哲學的入門讀物。

作者簡介

傅佩榮　教授

美國耶魯大學哲學博士，曾任比利時魯汶大學客座教授，荷蘭萊頓大學講座教授，台灣大學哲學系主任兼研究所所長，現任台灣大學哲學系、所教授。著有《儒家哲學新論》、《中西十大哲學家》、《西方心靈的品味》、《不同季節的讀書方法》、《為自己解惑》、《人生問卷》、《四書小品》、《文化的視野》（立緒）、《向莊子請益》（立緒）、《傅佩榮莊子經典五十講：在生命的轉彎處》（立緒）等數十部，並重新解讀《論語》、《孟子》、《易經》、《莊子》、《老子》、《大學．中庸》（立緒文化出版）。

文字校對

馬興國

中興大學社會系畢業；資深編輯。

責任編輯

王怡之

東吳大學中文系畢業；資深編輯。

傅佩榮教授解讀哲學經典

新世紀繼往開來的思想經典

大字校訂．白話解讀．提供現代人簡單而有效的閱讀方法

跨越智慧的門檻、文字的隔閡

《論語》 沉潛於孔子思想的普世價值與人文關懷
精／平：500元／420元

《孟子》 探究孟子向當政者滔滔建言的政治理想與人生價值
精／平：500元／380元

《莊子》 逍遙翱遊莊子無限廣闊的天地
精／平：620元／499元

《老子》 深入老子返樸守眞的自由境界
精／平：420元／300元

《易經》 涵蓋「天道、地道，人道」的生命哲學
精／平：620元／499元

《大學．中庸》 探究「大學」之道，再現古代理想教育
體現「中庸」之至德，化育人性的契機
平：280元

文化的視野

當代人文修養四講：
文化．愛．美．宗教
傅佩榮◎著

ISBN:957-8453-21-3
定價：210元

精裝

人的宗教向度

LouisDupre◎著
傅佩榮◎譯

ISBN:986-7416-39-2
定價：480元

平裝

科學與現代世界

二十世紀大哲懷德海演講集
A. N. Whitehead◎著
傅佩榮◎譯

青年日報副刊書評推薦
ISBN:957-8453-96-5
定價：250元

創造的勇氣：羅洛．梅經典

若無勇氣，愛即將褪色，
然後淪為依賴。
如無勇氣，忠實亦難堅持，
然後變為妥協。
羅洛．梅 Rollo May◎著
傅佩榮◎譯

中時開卷版書評推薦
ISBN:978-986-6513-90-9
定價：230元

心理學與哲學思考

羅洛・梅 Rollo May

愛與意志

生與死相反，
但是思考生命的意義
卻必須從死亡而來。

ISBN:978-957-0411-23-2
定價：380元

自由與命運：羅洛・梅經典

生命的意義除了接納無
可改變的環境，
並將之轉變為自己的創造外，
別無其他。
中時開卷版、自由時報副刊
書評推薦
ISBN:978-986-6513-93-0
定價：360元

創造的勇氣：羅洛・梅經典

若無勇氣，愛即將褪色，
然後淪為依賴。
如無勇氣，忠實亦難堅持，
然後變為妥協。

中時開卷版書評推薦
ISBN:978-986-6513-90-9
定價：230元

權力與無知：羅洛・梅經典

暴力就在此處，
就在常人的世界中，
在失敗者的狂烈哭聲中聽到
青澀少年只在重蹈歷史的覆轍。

ISBN:978-986-3600-68-8
定價：350元

哭喊神話

呈現在我們眼前的....
是一個朝向神話消解的世代。
佇立在過去事物的現代人，
必須瘋狂挖掘自己的根，
即便它是埋藏在太初
遠古的殘骸中。

ISBN:978-986-3600-75-6
定價：380元

焦慮的意義

焦慮無所不在，
我們在每個角落
幾乎都會碰到焦慮，
並以某種方式與之共處。

聯合報讀書人書評推薦
ISBN:978-986-7416-00-1
定價：420元

尤瑟夫・皮柏 Josef Pieper

二十世紀最重要的哲學著作之一

閒暇：一種靈魂的狀態 誠品好讀重量書評推薦

Leisure, The Basis of Culture
德國當代哲學大師經典名著

本書摧毀了20世紀工作至上的迷思，
顛覆當今世界對「閒暇」的觀念

閒暇是一種心靈的態度，
也是靈魂的一種狀態，
可以培養一個人對世界的關照能力。

ISBN:978-986-360-107-4
定價：280元

C. G. Jung 榮格對21世紀的人說話

發現人類內在世界的哥倫布

**榮格早在二十世紀即被譽為是
二十一世紀的心理學家，因為他的成就
與識見遠遠超過了他的時代。**

榮格（右一）與弗洛依德（左一）在美國與當地學界合影，中間爲威廉．詹姆斯。

人及其象徵：

榮格思想精華
Carl G. Jung ◎主編
龔卓軍 ◎譯

中時開卷版書評推薦
ISBN: 978-986-6513-81-7
定價：390元

榮格心靈地圖

人類的先知，
神秘心靈世界的拓荒者
Murray Stein◎著
朱侃如 ◎譯
中時開卷版書評推薦
ISBN: 978-986-360-082-4
定價：300元

榮格．占星學

重新評估榮格對
現代占星學的影響
Maggie Hyde ◎著
趙婉君 ◎譯

ISBN: 978-986-6513-49-7
定價：350元

導讀榮格

超心理學大師
榮格全集導讀
Robert H. Hopcke ◎著
蔣韜 ◎譯

ISBN: 978-957-8453-03-6
定價：230元

榮格（漫畫）

認識榮格的開始
Maggie Hyde ◎著
蔡昌雄 ◎譯

ISBN: 957-9935-91-2
定價：195元

大夢兩千天

神話是公眾的夢
夢是私我的神話
Anthony Stevens ◎著
薛絢 ◎ 譯

ISBN: 978-986-7416-55-1
定價：360元

夢的智慧

榮格的夢與智慧之旅
Segaller & Berger ◎著
龔卓軍 ◎譯

ISBN: 957-8453-94-9
定價：320元

大都文化 閱讀卡

姓　名：

地　址：□□□

電　話：(　　)　　　　傳　眞：(　　)

E-mail：

您購買的書名：＿＿＿＿＿＿＿＿＿＿

購書書店：＿＿＿＿市（縣）＿＿＿＿書店

■您習慣以何種方式購書？

□逛書店 □劃撥郵購 □電話訂購 □傳真訂購 □銷售人員推薦
□團體訂購 □網路訂購 □讀書會 □演講活動 □其他＿＿＿＿

■您從何處得知本書消息？

□書店 □報章雜誌 □廣播節目 □電視節目 □銷售人員推薦
□師友介紹 □廣告信函 □書訊 □網路 □其他＿＿＿＿

■您的基本資料：

性別：□男 □女　婚姻：□已婚 □未婚　年齡：民國＿＿＿年次

職業：□製造業 □銷售業 □金融業 □資訊業 □學生
□大眾傳播 □自由業 □服務業 □軍警 □公 □教 □家管
□其他＿＿＿＿

教育程度：□高中以下 □專科 □大學 □研究所及以上

建議事項：

愛戀智慧 閱讀大師

廣　告　回　信
北區郵政管理局登記證 北臺字8448號
免　貼　郵　票

立緒文化事業有限公司　收

新北市 2 3 1

新店區中央六街62號一樓

請沿虛線摺下裝訂，謝謝！

立緒文化 閱讀卡

感謝您購買立緒文化的書籍

為提供讀者更好的服務，現在填妥各項資訊，寄回閱讀卡（免貼郵票），或者歡迎上網http://www.facebook.com/ncp231即可收到最新書訊及不定期優惠訊息。

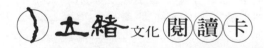

立緒文化事業有限公司　信用卡申購單

■信用卡資料

信用卡別（請勾選下列任何一種）

□VISA　□MASTER CARD　□JCB　□聯合信用卡

卡號：＿＿＿＿＿＿＿＿＿＿＿＿＿＿＿＿＿＿＿＿

信用卡有效期限：＿＿＿＿年＿＿＿＿月

訂購總金額：＿＿＿＿＿＿＿＿＿＿＿＿＿＿＿＿

持卡人簽名：＿＿＿＿＿＿＿＿＿＿＿＿＿＿＿＿（與信用卡簽名同）

訂購日期：＿＿＿＿年＿＿＿＿月＿＿＿＿日

所持信用卡銀行＿＿＿＿＿＿＿＿＿＿＿＿＿＿＿

授權號碼：＿＿＿＿＿＿＿＿＿＿＿＿（請勿填寫）

■訂購人姓名：＿＿＿＿＿＿＿＿＿＿＿＿＿＿　性別：□男□女

出生日期：＿＿＿＿年＿＿＿＿月＿＿＿＿日

學歷：□大學以上□大專□高中職□國中

電話：＿＿＿＿＿＿＿＿＿＿＿＿　職業：＿＿＿＿＿＿＿＿＿＿＿＿

寄書地址：□□□

＿＿＿＿＿＿＿＿＿＿＿＿＿＿＿＿＿＿＿＿＿＿＿＿＿＿＿＿＿＿

■開立三聯式發票：□需要　□不需要（以下免填）

發票抬頭：＿＿＿＿＿＿＿＿＿＿＿＿＿＿＿＿＿＿

統一編號：＿＿＿＿＿＿＿＿＿＿＿＿＿＿＿＿＿＿

發票地址：＿＿＿＿＿＿＿＿＿＿＿＿＿＿＿＿＿＿

■訂購書目：

書名：＿＿＿＿＿＿、＿＿＿本。書名：＿＿＿＿＿＿、＿＿＿本。

書名：＿＿＿＿＿＿、＿＿＿本。書名：＿＿＿＿＿＿、＿＿＿本。

書名：＿＿＿＿＿＿、＿＿＿本。書名：＿＿＿＿＿＿、＿＿＿本。

共＿＿＿＿＿本，總金額＿＿＿＿＿＿＿＿＿＿＿＿元。

⊙請詳細填寫後，影印放大傳真或郵寄至本公司，傳真電話：(02)2219-4998

國家圖書館出版品預行編目 (CIP) 資料

西方哲學心靈：第 2 卷 / 傅佩榮作 . -- 初版 . –
新北市 : 立緒文化 , 民 103.07-
冊；　公分

ISBN 978-986-360-007-7（第 2 卷：平裝）. --

1. 西洋哲學

140　　　　103009429

西方哲學心靈・第 2 卷

出版——立緒文化事業有限公司（於中華民國 84 年元月由郝碧蓮、鍾惠民創辦）
作者——傅佩榮
圖片來源—— Wikimedia Commoms

發行人——郝碧蓮
顧問——鍾惠民

地址——新北市新店區中央六街 62 號 1 樓
電話—— (02)2219-2173
傳真—— (02)2219-4998
E-mail Address —— service@ncp.com.tw
網址—— http://www.ncp.com.tw
Facebook 粉絲專頁—— https://www.facebook.com/ncp231
劃撥帳號—— 1839142-0 號　立緒文化事業有限公司帳戶
行政院新聞局局版臺業字第 6426 號

總經銷——大和書報圖書股份有限公司
電話—— (02)8990-2588
傳真—— (02)2290-1658
地址——新北市新莊區五工五路 2 號
排版——菩薩蠻數位文化有限公司
印刷——祥新印刷股份有限公司

法律顧問——敦旭法律事務所吳展旭律師

分類號碼—— 140
ISBN —— 978-986-360-007-7
出版日期——中華民國 103 年 7 月～ 104 年 6 月初版 一～三刷（1~3,200）
　　　　　中華民國 107 年 9 月初版 四刷（3,201~3,700）

定價◎ 350 元 立緒